KB163387

이와타 다즈루 · 김미정 지음

다락원

한눈에 들어오는 일본어 어감 사전

지은이 이와타 다즈루, 김미정
펴낸이 정규도
펴낸곳 (주)다락원

초판 1쇄 인쇄 2022년 11월 15일
초판 1쇄 발행 2022년 11월 25일

책임편집 손명숙, 송화록
디자인 장미연, 이승현

다락원 경기도 파주시 문발로 211
내용문의: (02)736-2031 내선 460~465
구입문의: (02)736-2031 내선 250~252
Fax: (02)732-2037
출판등록 1977년 9월 16일 제 406-2008-000007호

값 18,000원

ISBN 978-89-277-1267-1 (13730)

http://www.darakwon.co.kr

- 다락원 홈페이지에 접속하면 상세한 출판 정보와 함께 동영상 강좌, MP3 자료 등 다양한 어학 정보를 얻을 수 있습니다.
- 다락원 홈페이지에서 "한눈에 들어오는 일본어 어감 사전"을 검색하거나 표지 날개의 QR코드를 찍으면 MP3 파일을 듣거나 다운로드 할 수 있습니다.

일본어 강사로 일하는 저는 수강생분들에게 종종 이러한 질문을 받곤 합니다.

"선생님, 이 단어와 이 단어는 같은 뜻인가요?"

"뉘앙스 차이가 있는 것 같은데 어떤 상황에서 쓰이나요?"

이런 질문을 받을 때마다 단어 하나하나를 깊이 생각해서 사용한다기보다는 감각적으로 쓸 때가 많구나 라는 것을 느낍니다. 지금까지 수업을 진행하면서 수강생분들과의 많은 대화 덕분에 저도 단어와 표현들이 가진 뜻이나 뉘앙스, 또 비슷한 말들의 미묘한 차이점에 대해 알아보게 되었고, 그 내용들을 분야별로 정리하다보니 문득 '이런 것을 담은 교재를 만들고 싶다'는 생각을 했습니다. 그것이 쌓이고 계기가 되어 이 책 『한눈에 들어오는 일본어 어감 사전』을 출간하게 되었습니다.

대부분의 일본인들조차 별 생각 없이 또는 '그냥 이런 느낌이지 않을까?'해서 사용하는 단어나 표현들이 일본어를 배우시는 분들에게는 어렵게 느껴지고 어떤 상황에서 사용해야 하는지 쓰임이 궁금할 때가 있을 것입니다. 이 책은 그런 분들의 의문이나 궁금증을 풀어드리고자 내용을 구성하였습니다.

언어를 배우는 데에 있어 단어와 문법을 많이 익히는 것도 물론 중요하지만, 미묘한 말의 차이나 뉘앙스를 알게 된다면 언어에 대한 이해와 깊이가 생기고 표현력 또한 더욱 풍부해진다고 생각합니다.

이미 기본적인 문법은 배웠지만 좀 더 자세한 부분까지 일본어를 알고 싶으신 분들, 더 자연스러운 일본어 회화를 하고 싶으신 분들에게 크고 작은 도움이 되기를 진심으로 바랍니다.

이와타 다즈루

외국어 공부를 할 때 가장 중요하면서도 어려운 점은 단어 공부라고 생각합니다. 우선 단어의 양은 너무 많고, 다 우리말과 1:1로 대칭되지 않기 때문이라고 생각합니다. 하지만 바꿔서 생각하면 그 점이 단어 공부의 재미라고 할 수 있겠죠.

일본어 단어 중에는 발음이 우리말과 비슷한 것들도 있어서 단어 공부에 유리한 부분도 있습니다. 그렇지만 우리말과 같다고 생각하고 일본어로 말하면 부자연스럽고 의미가 잘못 전달되는 경우가 종종 있습니다. 단어를 공부할 때는 뜻만 안다고 되는 것이 아니라, 그 단어를 사용하는 상황을 이해하고 예문을 많이 접해서 익히는 것이 좋습니다. 그러한 점에서 이 책이 도움이 되길 바랍니다.

『한눈에 들어오는 일본어 어감 사전』에서는 의미가 비슷한 일본어 단어와 표현들, 그리고 의미가 여러 가지인 표현들을 담고 있습니다. 이 책을 통해서 원하는 일본어 실력에 한 발 더 다가가길 바랍니다.

김미정

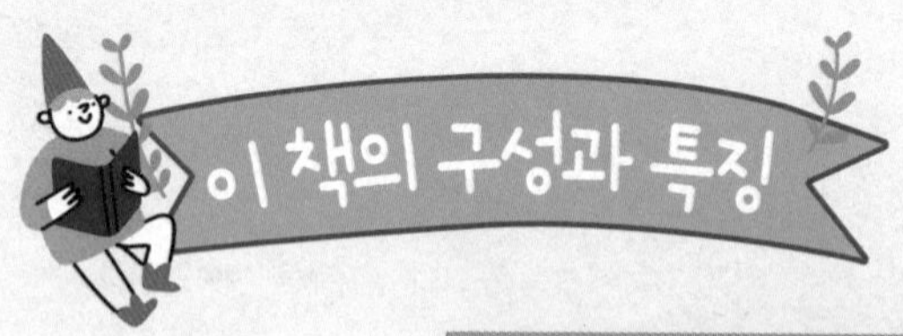

본문의 내용을
원어민의 음성으로 들어보세요!

의미가 비슷한 일본어 표현을
한눈에 비교해 보면서 정확한 의미와
쓰임에 대해 이해할 수 있습니다.

計算(けいさん)

❶ 수량을 세는 것
❷ 결과를 어느 정도 예상하고 계획을 세우는 것

この商品の消費税を計算してください。
이 상품의 소비세를 계산해 주세요.

時間がかかることも計算して、できることは先にしておきましょう。
시간이 걸리는 것도 계산해서 가능한 것은 먼저 해 둬요.

단어 商品 상품 消費税 소비세 時間がかかる 시간이 걸리다 先に 먼저, 앞서

80

会計(かいけい)

상품이나 서비스에 대해 값을 지불하는 것

お会計お願いします。
계산해 주세요.

お会計は現金でされますか、それともカードでされますか？
계산은 현금으로 하시겠어요, 아니면 카드로 하시겠어요?

단어 現金 현금 される 하시다(존경어) それとも 아니면

81

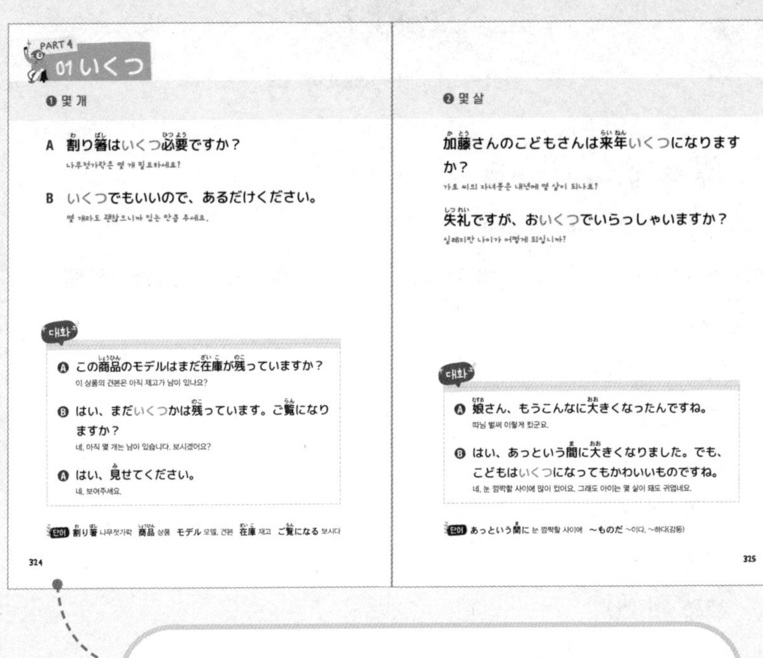

PART 4 01 いくつ

❶ 몇 개

A 割り箸はいくつ必要ですか?
나무젓가락은 몇 개 필요하세요?

B いくつでもいいので、あるだけください。
몇 개라도 괜찮으니까 있는 만큼 주세요.

대화

A この商品のモデルはまだ在庫が残っていますか?
이 상품의 견본은 아직 재고가 남아 있나요?

B はい、まだいくつかは残っています。ご覧になりますか?
네, 아직 몇 개는 남아 있습니다. 보시겠어요?

A はい、見せてください。
네, 보여주세요.

단어 割り箸 나무젓가락 商品 상품 モデル 모델, 견본 在庫 재고 ご覧になる 보시다

324

❷ 몇 살

加藤さんのこどもさんは来年いくつになりますか?
가토 씨의 자녀분은 내년에 몇 살이 되나요?

失礼ですが、おいくつでいらっしゃいますか?
실례지만 나이가 어떻게 되십니까?

대화

A 娘さん、もうこんなに大きくなったんですね。
따님 벌써 이렇게 컸군요.

B はい、あっという間に大きくなりました。でも、こどもはいくつになってもかわいいものですね。
네, 눈 깜짝할 사이에 많이 컸어요. 그래도 아이는 몇 살이 돼도 귀엽네요.

단어 あっという間に 눈 깜짝할 사이에 ~ものだ ~이다, ~하다(감동)

325

뜻이 여러 개인 일본어 표현을 각 의미 별로 정리하여
단어의 다양한 쓰임을 이해할 수 있습니다.

MP3 음성 듣는 법

- 다락원 홈페이지(www.darakwon.co.kr)에서
  "한눈에 들어오는 일본어 어감 사전"을 검색하세요.
- 각 PART의 시작 페이지에 있는 QR코드를 찍으면
  음성 파일을 듣거나 다운로드 할 수 있습니다.

PART 1

의미가 비슷한 일본어 명사들

PART 2

의미가 비슷한 일본어 동사들

PART 3

의미가 비슷한 일본어 표현들

의미가 여러 가지인 일본어 표현들

PART 1

의미가 비슷한 일본어 명사들

·음성 듣기·

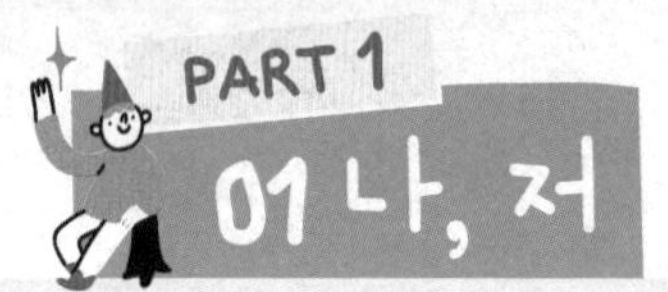

가장 보편적인 1인칭 대명사

私(わたし)は山田(やまだ)けいとです。

저는 야마다 게이토입니다.

私(わたし)のペン、使(つか)ってもいいよ。

내 펜 써도 돼.

> 팁 여성의 경우 **わたし**를 일상 회화뿐만 아니라 면접이나 회의 등의 공적인 자리에서도 많이 사용합니다.

> 팁 남성의 경우에는 공적인 자리나 윗사람에게 말할 때 **わたし**를 많이 사용하는 편입니다. 남성 중에서도 일상 회화에서 **わたし**를 쓰는 사람이 있는데 이런 경우 상대방에게 온화하고 차분한 인상을 줄 수 있습니다.

정중한 1인칭 대명사

私(わたくし)、営業(えいぎょう)担当(たんとう)の青木(あおき)と申(もう)します。

저는 영업 담당인 아오키라고 합니다.

私(わたくし)がご案内(あんない)いたします。

제가 안내해드리겠습니다.

팁 공적인 자리에서 제일 많이 사용되는 1인칭 대명사입니다. **わたくし**는 **わたし**보다 더 예의를 갖춘 말입니다.

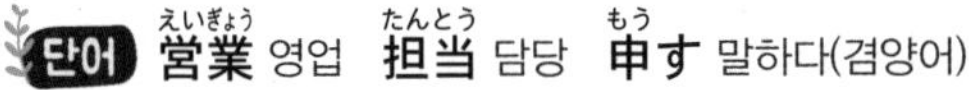

남성이 사용하는 1인칭 대명사

僕(ぼく)が手伝(てつだ)ってあげるよ。

내가 도와 줄게.

僕(ぼく)の趣味(しゅみ)はドライブすることです。

제 취미는 드라이브하는 것이에요.

팁 보통 일상 회화에서 많이 사용하지만 공적인 자리에서도 가끔 사용합니다. ぼく라는 말은 친근한 느낌을 주기도 하고 다소 어린 인상을 주기도 하는데, 남자아이들이 자기를 표현할 때 많이 사용합니다.

단어 手伝(てつだ)う 돕다, 거들다　ドライブ 드라이브

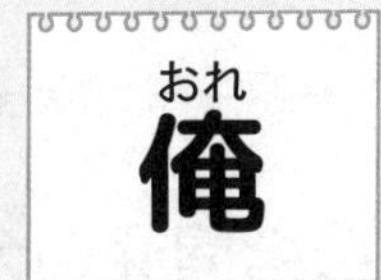

남성이 사용하는 1인칭 대명사

俺(おれ)、今日(きょう)バイトあるから忙(いそが)しい。

나 오늘 아르바이트 있어서 바빠.

俺(おれ)のことは気(き)にするな。

나는 신경 쓰지 마.

팁 **おれ**는 **ぼく**보다 다소 거친 인상을 줄 수 있습니다. 격식을 차린 말투가 아니기 때문에 공적인 자리에서는 사용하지 않습니다.

팁 1인칭 대명사로 **自分**(じぶん)을 쓰기로 하는데, 주로 남성들이 많이 사용하나 여성들도 사용하는 경우가 있습니다. 운동선수가 인터뷰를 할 때와 같은 상황에 사용하며 성실하고 부지런한 인상을 줄 수 있습니다.

단어 バイト(=アルバイト) 아르바이트, 파트타임

비교

저는 귀사의 기술 개발 분야에 매우 관심을 가지고 있습니다.

わたしは貴社(きしゃ)の技術開発(ぎじゅつかいはつ)の分野(ぶんや)にとても関心(かんしん)を持(も)っております。

わたくしは貴社(きしゃ)の技術開発(ぎじゅつかいはつ)の分野(ぶんや)にとても関心(かんしん)を持(も)っております。

면접이나 공적인 자리에서 사용하는 1인칭 대명사로 わたし와 わたくし가 있습니다. 어느 쪽을 사용해도 무관하지만 わたくし가 좀 더 격식을 갖춘 느낌을 줍니다.

자료 복사는 제가 해 놓겠습니다.

資料(しりょう)のコピーはわたしがしておきます。

資料(しりょう)のコピーはぼくがしておきます。

회사에서 주로 쓰는 1인칭 대명사는 わたし입니다. わたし는 남녀 상관없이 공적인 자리에서 무난하게 사용할 수 있습니다. 남성들 중에는 1인칭으로 ぼく를 쓰는 사람이 있는데 ぼく는 회사 안에서 비교적 친한 사람과 대화할 때 사용합니다.

단어 貴社(きしゃ) 귀사(상대 회사의 경칭) 技術(ぎじゅつ) 기술 開発(かいはつ) 개발 分野(ぶんや) 분야 関心(かんしん) 관심 資料(しりょう) 자료

나 주말에는 약속이 있어.

わたし、週末(しゅうまつ)は約束(やくそく)があるんだ。

ぼく、週末(しゅうまつ)は約束(やくそく)があるんだ。

おれ、週末(しゅうまつ)は約束(やくそく)があるんだ。

친구랑 대화할 때 여성들은 わたし를 많이 사용하는 편이고 남성들은 ぼく나 おれ 등 본인이 선호하는 1인칭 대명사를 사용합니다. ぼく는 친근하고 다정한 이미지가 있고 おれ는 거칠고 과격한 이미지가 있습니다.
공적인 자리에서 사용하는 1인칭 대명사는 わたし와 わたくし로 정해져 있지만 일상 회화에서는 わたし, ぼく, おれ 말고도 다양한 인칭 대명사를 사용하고, 대화하는 상대에 따라 인칭 대명사를 바꿔서 쓰는 경우도 많습니다.

週末(しゅうまつ) 주말

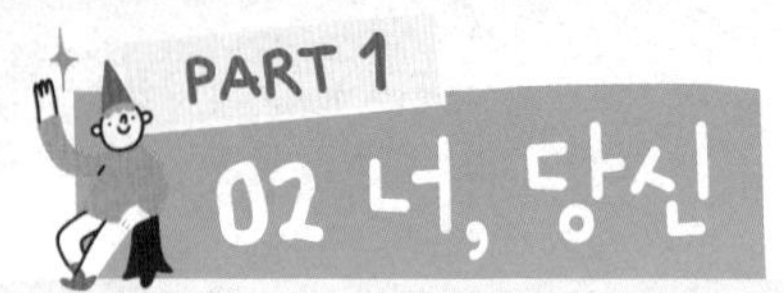

2인칭 대명사

ぼく、君(きみ)のことが気(き)になっていたんだ。

나 네가 신경 쓰였어.

君(きみ)もうちのサークルに来(き)てみない？

너도 우리 동아리에 와볼래?

팁 주로 나보다 나이가 어리거나 비슷한 상대방을 친근하게 부를 때 사용하는 말인데 친한 친구 사이에서는 잘 쓰지 않습니다. 그리고 **君**는 일상 회화에서 상대방을 직접 부르기보다는 만화책이나 노래 가사 등에 쓰이는 경우가 많습니다.

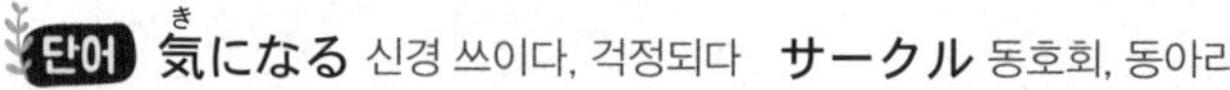

あなた

2인칭 대명사

あなたの夢(ゆめ)はなんですか？

당신의 꿈은 뭔가요?

あなた、今日(きょう)は何時(なんじ)に帰(かえ)ってくる？

여보, 오늘 몇 시에 집에 와?

あんた、ここでいったい何(なに)してるの？

너 여기서 도대체 뭐 하는 거야?

팁 입장이 동등한 사람 또는 아랫사람을 정중하게 부르는 말입니다. **あなた**는 부부 사이에 주로 아내가 남편을 부를 때도 사용하고 초면인 사람에게도 쓸 수 있습니다. 또 광고나 공문서 등에서 수신자를 '당신' 또는 '귀하'라고 표현하고자 할 때도 사용합니다.

팁 **あんた**는 **あなた**의 발음이 변형된 것으로 **お前**(**まえ**)와 뜻은 비슷하지만 남성보다는 여성이 많이 쓰는 2인칭 대명사입니다. 일반적으로는 정중한 말로 여겨지지 않지만 지역에 따라서는 상대방을 부르는 말로 흔히 사용되기도 합니다.

단어 いったい 도대체

お前(まえ)

2인칭 대명사

お前(まえ)の話(はなし)なんか聞(き)きたくない！

네 얘기 같은 건 듣고 싶지 않아!

お前(まえ)、今日(きょう)何時(なんじ)からバイト？

너 오늘 몇 시부터 알바야?

팁 상대방을 살짝 낮게 보고 부르는 말로 주로 남성이 사용하는데, 친구들끼리 또는 선배가 후배를 부를 때 사용합니다. 또 남편이 아내를 부르거나 아버지가 아이들을 부를 때도 사용합니다. **お前**는 정중한 말투가 아니기 때문에 사용에 주의해야 합니다.

팁 한국에서는 친구와 대화할 때 '너'와 같은 2인칭 대명사를 사용하는 경우가 많지만, 일본에서는 상대방의 이름을 부르는 것이 일반적입니다.

단어 バイト(=アルバイト) 아르바이트, 파트타임

나는 항상 너를 응원해!

O ぼくはいつも君(きみ)のこと応援(おうえん)してるよ！

X ぼくはいつもあなたのこと応援(おうえん)してるよ！

X ぼくはいつもお前(まえ)のこと応援(おうえん)しているよ！

君는 나보다 나이가 어리거나 비슷하며 아직 많이 친하지 않은 상대방에게 사용합니다. 만약 친한 친구에게 말할 때는 보통 君 대신에 이름이나 별명을 사용합니다. 그리고 あなた는 상대방을 정중하게 부르는 말투여서 '너'라고 할 때는 잘 쓰지 않습니다. 세 번째 예문 같은 경우, ぼく는 친절하고 부드러운 1인칭 대명사이기 때문에 거친 말투인 お前와 같이 사용하면 부자연스럽습니다.

당신, 이거 어떻게 책임질 거예요?

X 君(きみ)、これどう責任(せきにん)取(と)るつもりなんですか？

O あなた、これどう責任(せきにん)取(と)るつもりなんですか？

X お前(まえ)、これどう責任(せきにん)取(と)るつもりなんですか？

あなた는 위 예문처럼 초면인 사람을 부르는 경우에도 사용할 수 있습니다. 다만 あなた는 상대방을 나와 동등한 사람 또는 나보다 아랫사람으로 여기고 부르는 뉘앙스가 있기 때문에 윗사람이나 예의를 갖춰야 할 상황에서는 사용하지 않습니다.
君와 お前 역시 화자와 동등한 관계에 있거나 아랫사람에게 사용하는 말이지만, です・ます문형의 문장에는 잘 사용하지 않습니다.

단어 応援(おうえん) 응원　責任(せきにん)を取(と)る 책임을 지다　つもり 속셈, 생각, 의도

03 아빠, 아버지 / 엄마, 어머니

父(ちち)・母(はは)

아버지와 어머니를 나타내는 말

ぼくの父(ちち)は会社員(かいしゃいん)です。

우리 아버지는 회사원이십니다.

この小説(しょうせつ)には母(はは)と子(こ)の話(はなし)が書(か)かれています。

이 소설에는 어머니와 아이의 이야기가 쓰여 있어요.

팁 父와 母는 격식을 갖춘 말이어서 다소 딱딱한 느낌이 있지만 누군가에게 내 부모에 대해 이야기할 때 쓰는 가장 올바른 말입니다.

단어 小説(しょうせつ) 소설　子(こ) 자식, 아이

お父(とう)さん・お母(かあ)さん

❶ 나의 아버지와 어머니를 부르는 말
❷ 상대방의 아버지와 어머니를 나타내는 말

お父(とう)さん、今日(きょう)の夕飯(ゆうはん)はなに？

아빠, 오늘 저녁은 뭐야?

昨日(きのう)ゆりのお母(かあ)さんに会(あ)ったよ。

어제 유리네 엄마 만났어.

> 팁 **お父さん**과 **お母さん**은 하나의 경칭입니다. 일본에서는 다른 사람에게 나의 가족에 대해 이야기할 때 높임말을 사용하지 않기 때문에 나의 부모님을 직접 부를 때나 다른 사람의 부모님에 대해 얘기할 때 사용합니다. 누군가에게 자기 부모님 이야기를 할 때 **お父さん** 또는 **お母さん**이라고 하면 다소 예의가 없다고 받아들여질 수도 있습니다.

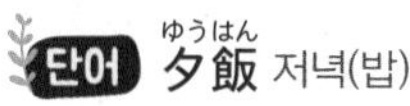

단어 夕飯(ゆうはん) 저녁(밥)

父親(ちちおや)・母親(ははおや)

❶ 아버지와 어머니를 나타내는 말
❷ 부모라는 입장임을 나타내는 말

わたしの母親(ははおや)は昔(むかし)から教育(きょういく)に厳(きび)しい人(ひと)でした。

우리 어머니는 옛날부터 교육에 엄하신 분이셨어요.

いたずらばかりしていた弟(おとうと)ももう二児(にじ)の父親(ちちおや)になりました。

장난만 치던 남동생도 벌써 두 아이의 아빠가 됐어요.

팁 **父親**, **母親**는 **父**, **母**보다 아이를 키우는 부모라는 입장임을 더 강조하는 뉘앙스가 있습니다.

단어 **教育(きょういく)** 교육 **厳(きび)しい** 엄하다, 엄격하다 **いたずら** 장난 **二児(にじ)** 두 아이

아빠, 생일 축하해요!

✕ 父(ちち)、お誕生日(たんじょうび)おめでとう！

○ お父(とう)さん、お誕生日(たんじょうび)おめでとう！

✕ 父親(ちちおや)、お誕生日(たんじょうび)おめでとう！

나의 부모님을 부를 때 또는 상대방 부모님을 부를 때는 お父さん, お母さん을 사용합니다. 가정마다 나의 부모님을 부르는 단어는 여러 가지가 있어 お父さん, お母さん 이외에도 パパ, ママ 등을 사용하는 경우도 많이 있습니다. 부모님을 부를 때는 父, 母와 父親, 母親는 사용하지 않습니다.

엄마들을 위한 육아상담실을 운영하고 있어요.

△ 母(はは)のための育児相談室(いくじそうだんしつ)を運営(うんえい)しています。

△ お母(かあ)さんのための育児相談室(いくじそうだんしつ)を運営(うんえい)しています。

○ 母親(ははおや)のための育児相談室(いくじそうだんしつ)を運営(うんえい)しています。

父親, 母親는 父, 母와 뜻이 비슷한 말이지만 부모라는 입장을 더 강조해서 말하는 뉘앙스가 있습니다. 예를 들어, 출산을 앞둔 임신부나 어린 아이를 키우는 엄마들을 위한 강연 등을 母親教室(ははおやきょうしつ)라고 하는데 이처럼 父親, 母親라고 하면 '아이를 키우는 부모'라는 이미지가 있습니다. 또, 부모를 일반화시켜서 말할 때는 父, 母와 お父さん, お母さん보다 父親, 母親를 더 많이 쓰는 경향이 있습니다.

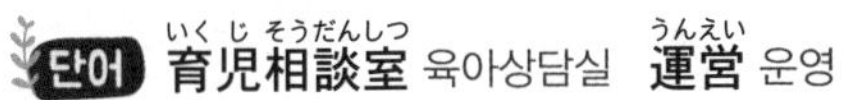
단어 育児相談室(いくじそうだんしつ) 육아상담실 運営(うんえい) 운영

집

来月新しい家に引っ越しをします。

다음 달 새로운 집으로 이사해요.

わたしの祖母の家はこのマンションの５階にあります。

우리 할머니 댁은 이 아파트 5층에 있어요.

> 팁 いえ는 주로 건물로서의 집과 같이 물리적인 뜻으로 사용되는 경우가 많습니다.

단어 引っ越し 이사 マンション (맨션)아파트

うち

❶ 우리 가족
❷ 우리집

うちの犬(いぬ)は今年(ことし)で5歳(さい)になりました。

우리 개는 올해로 5살이 되었어요.

今度(こんど)うちに遊(あそ)びに来(き)てね。

다음에 우리집에 놀러 와.

팁 うち는 건물로서의 집이라기보다는 그 집에 사는 구성원인 가족에 대해 말할 때 많이 사용합니다. いえ와 같은 한자를 쓰지만 히라가나로 표기하는 경우가 많습니다. 또, うち는 주로 일상 회화에서 사용하는 말로 공적인 자리에서는 사용하지 않습니다.

우리 아버지는 집을 수리하는 일을 하고 계세요.

O わたしの父(ちち)は家(いえ)を修理(しゅうり)する仕事(しごと)をしています。

X わたしの父(ちち)はうちを修理(しゅうり)する仕事(しごと)をしています。

'집'이라는 건물 자체를 말할 때는 いえ를 사용합니다.

우리 아이는 축구를 좋아해요.

X 家(いえ)の子(こ)はサッカーが好(す)きです。

O うちの子(こ)はサッカーが好(す)きです。

うち에는 '우리 가족'이라는 뜻이 있어 나의 가족에 대해 말할 때는 うちの○○(うちの子, うちの姉 등)라고 합니다. うち는 일상 회화에서는 많이 사용하지만 공적인 자리에서는 사용하지 않는 표현이니 공적인 자리에서 나의 가족에 대한 이야기를 할 때는 わたしの兄弟(きょうだい), わたしの家族(かぞく)라고 하는 것이 좋습니다.

단어 修理(しゅうり) 수리 子(こ) 자식, 아이 サッカー 축구

슬슬 집에 돌아가려고 해요.

そろそろ家(いえ)に帰(かえ)ろうと思(おも)います。

そろそろうちに帰(かえ)ろうと思(おも)います。

집에 가는 것을 말할 때는 いえ와 うち 둘 다 사용할 수 있습니다. 다만 うち는 공적인 자리에서는 사용하지 않으니 상황에 맞는 단어를 사용하는 것이 좋습니다.

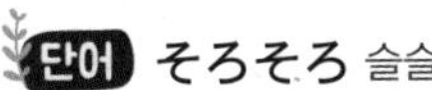

そろそろ 슬슬

❶ 오늘을 기준으로 했을 때 다음 날을 가리키는 말
❷ 가까운 미래를 가리키는 말

明日(あす)明後日(あさって)と雨(あめ)が続(つづ)く見込(みこ)みです。

내일과 모레 비가 계속될 전망입니다.

明日(あす)を担(にな)う若(わか)い人材(じんざい)が求(もと)められています。

내일을 짊어질 젊은 인재가 요구되고 있어요.

팁 あすは あした보다 더 격식을 갖춘 말투입니다.

단어 見込(みこ)み 전망, 예상　担(にな)う 짊어지다, 떠맡다　人材(じんざい) 인재　求(もと)める 바라다, 요구하다

오늘을 기준으로 했을 때 다음 날을 가리키는 말

明日(あした)3時(さんじ)にスカイビルの前(まえ)で会(あ)いましょう。

내일 3시에 스카이 빌딩 앞에서 만나요.

明日(あした)から夏休(なつやす)みが始(はじ)まります。

내일부터 여름방학이 시작돼요.

팁 **あした**는 '내일'이라는 의미로 일상 회화에서 가장 많이 사용되는 표현입니다.

비교

내일의 날씨를 전해 드리겠습니다.

○ あすのお天気(てんき)をお伝(つた)えします。

△ あしたのお天気(てんき)をお伝(つた)えします。

뉴스에서 '내일'이라고 할 때는 보통 あす를 사용합니다. あした를 사용해도 되지만 あす는 격식을 갖춘 표현이기 때문에 뉴스 등 공적인 자리에서 많이 쓰입니다.

내일은 유급휴가를 쓰겠습니다.

○ あすは有給休暇(ゆうきゅうきゅうか)をとります。

○ あしたは有給休暇(ゆうきゅうきゅうか)をとります。

회사에서 '내일'이라고 할 때는 あす와 あした 둘 다 사용할 수 있습니다. あす는 격식을 갖춘 표현이어서 상사와 대화하는 등 정중하게 말하는 상황에서 사용하는 경향이 있습니다. あした는 말하는 대상이나 상황에 상관없이 사용할 수 있습니다.
참고로 일본에서는 휴가를 쓰겠다고 할 때 休暇をとる 형태로는 잘 사용하지 않고, 有給休暇をとる나 有給休暇을 줄여서 有休(ゆうきゅう)をとる 형태로 많이 사용합니다.

단어 有給休暇(ゆうきゅうきゅうか)をとる 유급휴가를 쓰다

내일 같이 쇼핑이라도 할래?

✕ あす一緒に買い物でもしない？

O あした一緒に買い物でもしない？

친구와 같이 친한 사람과의 대화에서 '내일'이라고 할 때는 あした를 사용합니다. あす는 딱딱한 뉘앙스가 있어 친한 사람들과 대화하는 상황에서 사용하면 부자연스러운 느낌이 듭니다.

PART 1 06 친구

友(とも)だち

사이가 좋은 사람, 친구

宿題(しゅくだい)が終(お)わったら友(とも)だちの家(いえ)に遊(あそ)びに行(い)ってもいい？

숙제 끝나면 친구네 집에 놀러가도 돼?

わたしの友(とも)だちはみんな明(あか)るくて優(やさ)しい人(ひと)です。

내 친구들은 모두 밝고 다정한 사람들이에요.

팁 **友だち**는 일상 회화에서 많이 쓰이는 말입니다. 또 **友だち**는 한 사람을 가리킬 수도 있고 여러 사람을 가리킬 수도 있습니다.

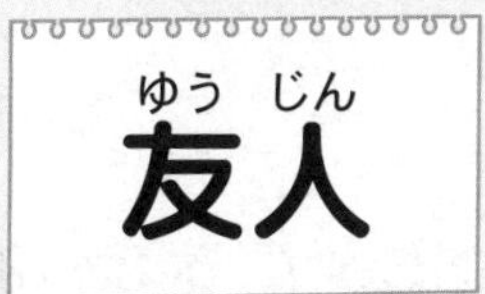

사이가 좋은 사람, 친구

友人(ゆうじん)を代表(だいひょう)して挨拶(あいさつ)をさせていただきます。

친구들을 대표해서 인사 드립니다.

カナダに留学(りゅうがく)したとき、外国人(がいこくじん)の友人(ゆうじん)がたくさんできました。

캐나다에서 유학할 때 외국인 친구가 많이 생겼어요.

> 팁 뜻은 **友だち**와 같지만 **友人**은 격식을 갖춘 말로 면접이나 결혼식 등 공적인 자리에서 사용됩니다.

단어 **代表(だいひょう)** 대표 **挨拶(あいさつ)** 인사 **～させていただく** (허락을 받아) ~하다 **カナダ** 캐나다 **留学(りゅうがく)** 유학

비교

앞으로도 계속 친구하자.

○ これからもずっと友(とも)だちでいようね。

× これからもずっと友人(ゆうじん)でいようね。

친한 사람과 대화하는 상황에서 '친구'라고 할 때는 友だち를 사용합니다.

저에게 가장 영향을 준 사람은 고교 시절의 친구입니다.

△ わたしに一番(いちばん)影響(えいきょう)を与(あた)えてくれたのは高校時代(こうこうじだい)の友(とも)だちです。

○ わたしに一番(いちばん)影響(えいきょう)を与(あた)えてくれたのは高校時代(こうこうじだい)の友人(ゆうじん)です。

면접 등 공적인 자리에서 '친구'라는 단어를 사용할 때는 友人을 사용합니다. 友だち는 친근하고 가벼운 뉘앙스가 있어 공적인 자리에서 사용하지 않습니다.

단어 影響(えいきょう)を与(あた)える 영향을 끼치다　高校時代(こうこうじだい) 고교 시절, 고등학교 때

모르는 사람한테 SNS로 친구 신청이 왔어요.

⭕ 知(し)らない人(ひと)からSNS(エスエヌエス)で友(とも)だち申請(しんせい)がきました。

❌ 知(し)らない人(ひと)からSNS(エスエヌエス)で友人(ゆうじん)申請(しんせい)がきました。

SNS상의 '친구'는 友だち를 사용합니다.

申請(しんせい) 신청

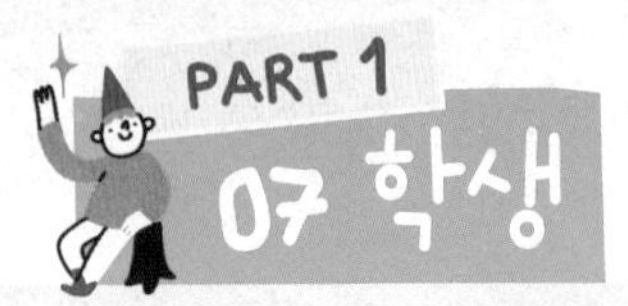

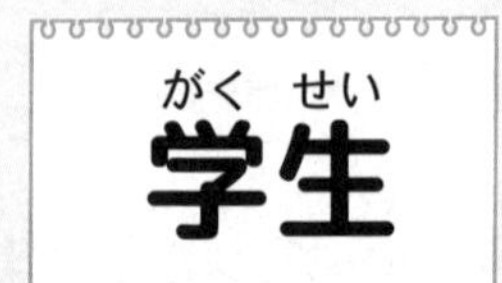

❶ 학교에서 스스로 연구하고 싶은 분야를 주체적으로 배우는 사람
❷ 대학생

本校(ほんこう)の学生(がくせい)になったことを心(こころ)からお祝(いわ)いいたします。

본교 학생이 된 것을 진심으로 축하합니다.

大学生(だいがくせい)は学生証(がくせいしょう)を見(み)せたらチケットが割引(わりびき)になります。

대학생은 학생증을 보여주면 티켓이 할인됩니다.

팁 일본의 교육법상으로는 대학생을 **学生**라고 칭한다고 되어 있습니다. 하지만 일반적인 상황에서 **学生**는 중학생부터 대학생까지 넓게 사용됩니다.

단어 本校(ほんこう) 본교 心(こころ)から 진심으로 学生証(がくせいしょう) 학생증 割引(わりびき) 할인

生徒(せいと)

❶ 학교에서 어느 정도 정해진 교육 과정을 받는 사람
또는 선생님한테 가르침을 받는 사람
❷ 중·고등학생

わたしの生徒(せいと)はみんな一生懸命勉強(いっしょうけんめいべんきょう)しています。

우리 학생은 모두 열심히 공부하고 있어요.

生徒会長(せいとかいちょう)に立候補(りっこうほ)したいです。

학생회장에 입후보하고 싶습니다.

> 팁 일본의 교육법상으로는 중학생과 고등학생을 **生徒**라 칭한다고 되어 있습니다. 보통 **生徒**는 학교 안에서나 학교 생활 또는 교육과 관련된 상황에서 사용됩니다.

> 팁 일본의 교육법상 초등학생은 **児童**(じどう)(아동)라 칭한다고 되어 있습니다.

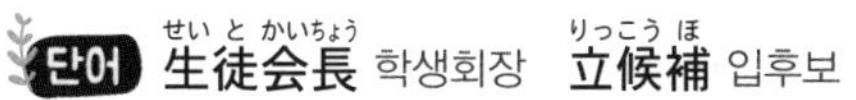
단어 生徒会長(せいとかいちょう) 학생회장 立候補(りっこうほ) 입후보

여기서는 학생 할인이 적용돼요.

O ここでは学生割引が適用されます。

X ここでは生徒割引が適用されます。

'학생 할인'은 学生割引라고 합니다. 学生割引의 学生는 보통 중학생부터 대학생까지를 가리키며 교통비나 휴대폰 요금, 입장료 등이 할인이 되는 상황에서 사용됩니다.

학생회에 들어가서 활동해요.

O 学生会に入って活動します。

O 生徒会に入って活動します。

중·고등학교에서는 生徒를 사용해서 生徒会, 그리고 대학교에서는 学生를 사용해서 学生会라고 합니다. 이와 같이 학교 내에서 '학생'이라는 단어를 사용하는 경우에는 교육법으로 정해진 명칭을 사용합니다.

단어 割引(わりびき) 할인 適用(てきよう) 적용 活動(かつどう) 활동

대학 입시를 위해 학원에 다니는 학생이 늘고 있어요.

△ 大学受験(だいがくじゅけん)のため塾(じゅく)に通(かよ)う学生(がくせい)が増(ふ)えています。

○ 大学受験(だいがくじゅけん)のため塾(じゅく)に通(かよ)う生徒(せいと)が増(ふ)えています。

대학 입시를 위해 공부하는 사람은 대부분 고등학생이기 때문에 이 예문의 경우에는 生徒를 사용하는 것이 적절합니다. 다만 학원에 여러 학년의 학생이 다니는 경우 学生를 사용하기도 합니다.

단어 受験(じゅけん) 수험, 입시 塾(じゅく) 학원 増(ふ)える 늘다, 증가하다

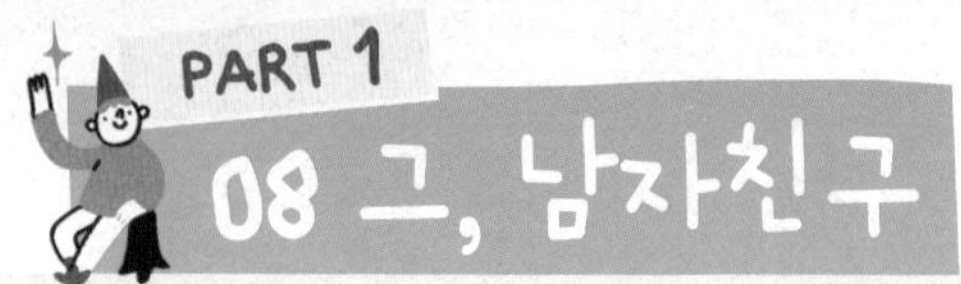

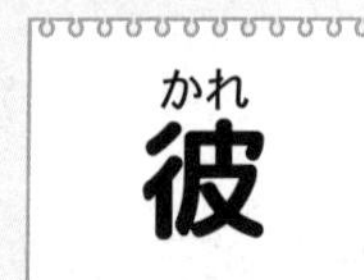

❶ 그, 그 사람
❷ 애인인 남성을 가리키는 말

高校(こうこう)の時(とき)同(おな)じクラスだった彼(かれ)、社長(しゃちょう)になったみたいだよ。

고등학생 때 같은 반이었던 그 친구, 사장이 됐나 봐.

彼(かれ)とは出会(であ)ってもう5年(ごねん)になります。

남자친구와는 만난 지 벌써 5년이 돼요.

팁 여성을 가리키는 말로는 쓰지 않습니다.

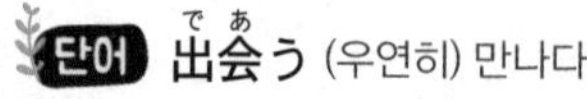

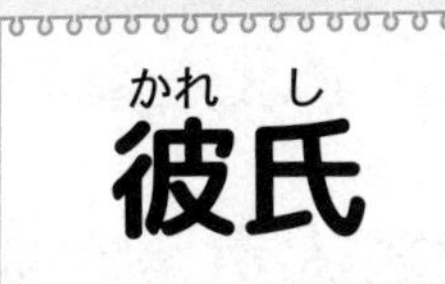

애인인 남성을 가리키는 말

今日(きょう)は彼氏(かれし)とデートの約束(やくそく)があるんだ。

오늘은 남자친구랑 데이트 약속이 있어.

彼氏(かれし)のどんなところが好(す)き？

남자친구의 어떤 점이 좋아?

> 팁 **彼**보다 가벼운 뉘앙스가 있어 일상 회화에서 많이 쓰입니다.

> 팁 '남자친구'는 **彼**와 **彼氏**라는 두 가지 표현이 있지만 '여자친구'는 **彼女**(かのじょ) 한 가지로 표현합니다.

단어 デート 데이트, 만남

잇잖아, 오카모토 기억나? 걔 어제 텔레비전에 나왔어.

⭕ ねぇねぇ、岡本(おかもと)くん覚(おぼ)えてる？彼(かれ)昨日(きのう)テレビに出(で)てたの。

❌ ねぇねぇ、岡本(おかもと)くん覚(おぼ)えてる？彼氏(かれし)昨日(きのう)テレビに出(で)てたの。

'그 사람'을 가리킬 때 대상이 남자라면 彼를 사용할 수 있습니다. 彼는 친근한 사람에게는 잘 쓰지 않고 가깝지 않은 사람이나 유명인 등에 사용하는 경우가 많습니다.

주말에 남자친구의 부모님을 뵈러 갈 예정이에요.

⭕ 週末(しゅうまつ)彼(かれ)のご両親(りょうしん)に会(あ)いに行(い)く予定(よてい)です。

⭕ 週末(しゅうまつ)彼氏(かれし)のご両親(りょうしん)に会(あ)いに行(い)く予定(よてい)です。

남자친구를 가리킬 때는 彼와 彼氏 둘 다 사용할 수 있습니다. 彼에 비해 彼氏가 더 가벼운 뉘앙스가 있습니다.

단어 週末(しゅうまつ) 주말 両親(りょうしん) 양친, 부모님

실은 나 남자친구 생겼어.

✕ 実(じつ)はわたし彼(かれ)ができたの。

○ 実(じつ)はわたし彼氏(かれし)ができたの。

彼氏는 남자친구라는 존재를 가리키는 뉘앙스가 있습니다. 때문에 이 예문처럼 남자친구라는 존재가 생겼다고 할 때는 彼氏를 사용합니다.

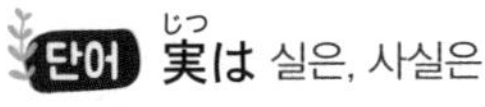

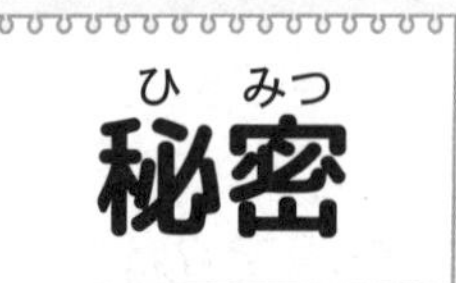

❶ 아무에게도 알리고 싶지 않은 것
❷ 아직 밝혀지지 않은 것
❸ '비결'을 뜻하는 말

これは企業(きぎょう)秘密(ひみつ)なのでこれ以上(いじょう)お話(はなし)することはできません。

이것은 기업 비밀이므로 더 이상 말씀드릴 수 없습니다.

学者(がくしゃ)たちは宇宙(うちゅう)の秘密(ひみつ)を研究(けんきゅう)しています。

학자들은 우주의 비밀을 연구하고 있습니다.

短期間(たんきかん)で成功(せいこう)した秘密(ひみつ)はなんですか？

단기간에 성공한 비결은 무엇인가요?

> 팁 **秘密**는 **内緒**보다 다소 무거운 뉘앙스가 있으며 회사 기밀 등 들켜서는 안 될 아주 중대한 것에도 사용되는 말입니다.

단어 企業(きぎょう) 기업 学者(がくしゃ) 학자 宇宙(うちゅう) 우주 研究(けんきゅう) 연구 短期間(たんきかん) 단기간 成功(せいこう) 성공

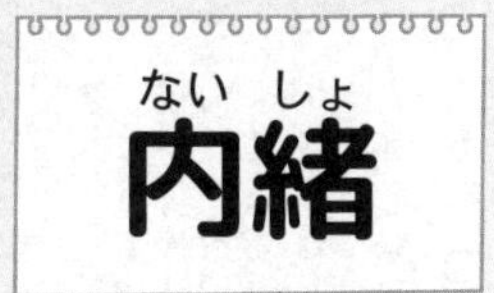

주변에 알려지지 않게 하는 것

この話(はなし)、絶対(ぜったい)内緒(ないしょ)にしてね！誰(だれ)かに話(はな)したらだめだよ！

이 얘기 절대 비밀로 해줘! 누군가에게 말하면 안 돼!

親(おや)に内緒(ないしょ)でバイトを始(はじ)めました。

부모님에게 비밀로 아르바이트를 시작했어요.

팁 **内緒**는 **秘密**보다 가벼운 표현으로 일상 회화에서 많이 쓰이는 말입니다.

단어 **絶対(ぜったい)** 절대(로) **誰(だれ)か** 누군가 **バイト(= アルバイト)** 아르바이트, 파트타임

비교

실은 여태까지 계속 비밀로 했던 일이 있거든요….

O 実(じつ)は今(いま)までずっと秘密(ひみつ)にしていたことがあるんです…。

O 実(じつ)は今(いま)までずっと内緒(ないしょ)にしていたことがあるんです…。

이 예문에서는 둘 다 사용할 수 있지만 뉘앙스에서 차이가 있습니다. 秘密는 더 진지하고 중요한 내용이라는 뉘앙스가 있고, 内緒는 秘密보다는 가벼운 내용이라는 느낌을 줍니다.

이 기밀 유지 계약서에 사인을 부탁드립니다.

O この秘密(ひみつ)保持(ほじ)契約書(けいやくしょ)にサインをお願(ねが)いいたします。

X この内緒(ないしょ)保持(ほじ)契約書(けいやくしょ)にサインをお願(ねが)いいたします。

'기밀 유지'와 같이 아주 중요한 비밀을 말할 때는 秘密를 사용합니다.

단어 実(じつ)は 실은, 사실은 保持(ほじ) 보유, 유지 契約書(けいやくしょ) 계약서

내가 여기에 있는 것, 다른 사람들에게는 비밀로 해 줄래?

わたしがここにいること、他(ほか)の人(ひと)には秘密(ひみつ)にしてくれる？

わたしがここにいること、他(ほか)の人(ひと)には内緒(ないしょ)にしてくれる？

두 문장 다 맞는 표현이지만, 秘密는 여기에 있는 것을 절대 아무에게도 들키면 안 된다는 뉘앙스가 있습니다. 内緒는 秘密에 비해 중대하고 심각한 느낌은 덜합니다.

PART 1

10 처음

初(はじ)め

❶ 어떤 것을 시작한지 얼마 안 됨

❷ 어떤 시기의 시작점

❸ 여러 가지 중에서 순서가 첫 번째임

日本語(にほんご)を習(なら)った初(はじ)めのころは挨拶(あいさつ)しかできませんでした。

일본어를 배운 지 얼마 안 됐을 때는 인사말밖에 하지 못했어요.

この会社(かいしゃ)は月(つき)の初(はじ)めがいつも忙(いそが)しいです。

이 회사는 월초가 늘 바빠요.

初(はじ)めに電源(でんげん)を入(い)れて、次(つぎ)に画面(がめん)をタッチしてください。

먼저 전원을 켜고, 다음에 화면을 터치해 주세요.

> 팁 初め는 初めて라는 형태의 부사로도 쓰이는데 이는 '경험상 처음 해보는 것'이라는 뜻으로 사용합니다.

단어 ころ 때, 시기, 무렵　挨拶(あいさつ) 인사　電源(でんげん)を入(い)れる 전원을 켜다
次(つぎ)に 다음에, 그러고 나서　画面(がめん) 화면　タッチ 터치

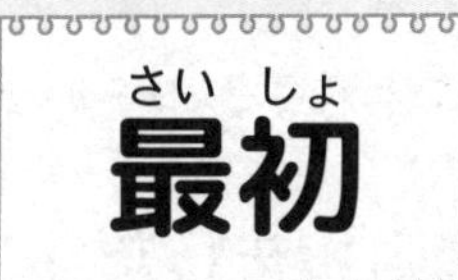

❶ 첫 시작, 처음
❷ 가장 먼저 하는 것

エラーが出(で)てまた最初(さいしょ)からやりなおすことになりました。

오류가 나서 또 처음부터 다시 하게 되었어요.

韓国(かんこく)に帰(かえ)ってきて最初(さいしょ)にしたことは、韓国料理(かんこくりょうり)を食(た)べることでした。

한국에 돌아와서 제일 먼저 한 것은 한식을 먹는 것이었어요.

 단어 エラー 에러, 오류　やりなおす 다시 하다, 고쳐 하다

처음에는 많이 긴장됐지만 지금은 익숙해졌어요.

O 初(はじ)めはとても緊張(きんちょう)しましたが、今(いま)は慣(な)れました。

O 最初(さいしょ)はとても緊張(きんちょう)しましたが、今(いま)は慣(な)れました。

어떤 일의 시작, 혹은 시작한 지 얼마 되지 않았다는 의미의 '처음'을 나타낼 때는 初め와 最初 둘 다 사용할 수 있습니다.

저는 연초에 꼭 한 해의 목표를 세워요.

O わたしは年(とし)の初(はじ)めに必(かなら)ず一年(いちねん)の目標(もくひょう)を立(た)てます。

X わたしは年(とし)の最初(さいしょ)に必(かなら)ず一年(いちねん)の目標(もくひょう)を立(た)てます。

'연초'와 같이 어떤 시기의 시작점을 말할 때는 初め를 사용합니다. 참고로 '월초'는 月の初め 또는 月初(つきはじ)め라고 합니다.

단어 緊張(きんちょう) 긴장 慣(な)れる 익숙해지다 目標(もくひょう) 목표 立(た)てる 세우다

이 얘기, 제일 먼저 사키에게 전하고 싶었어.

△ この話(はなし)、初(はじ)めにさきちゃんに伝(つた)えたかったんだ。

○ この話(はなし)、最初(さいしょ)にさきちゃんに伝(つた)えたかったんだ。

어떤 행동을 제일 먼저 한다고 말할 때 初め를 사용해도 틀린 것은 아니지만 初め는 대부분 순서가 첫 번째임을 나타낼 때 사용합니다. 예문과 같이 딱히 정해진 순서나 차례 없이 어떤 행동을 가장 먼저 한다고 말할 때는 最初를 사용하는 것이 자연스럽습니다.

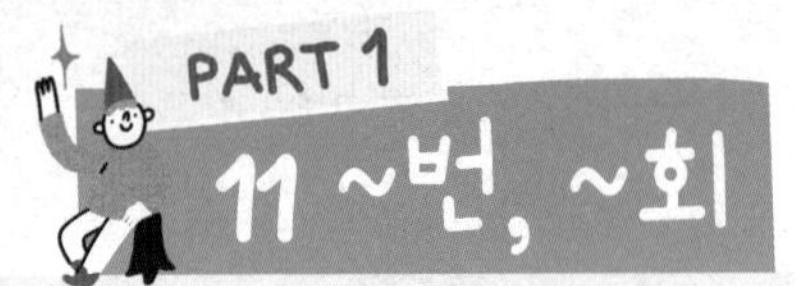

횟수를 나타내는 말

これから第一回目(だいいっかいめ)の説明会(せつめいかい)を始(はじ)めます。

지금부터 첫 번째 설명회를 시작하겠습니다.

わたしは毎年(まいとし)2回(にかい)は家族旅行(かぞくりょこう)に行(い)きます。

저는 매년 두 번은 가족여행을 가요.

팁 ~回는 어떤 것이 또 반복된다는 뉘앙스가 있습니다.

단어 ~目(め) ~째 説明会(せつめいかい) 설명회

～番(ばん)

❶ 순서나 차례에 의해 하는 동작을 가리키는 말
❷ 순서나 등급, 번호 등을 세는 단위

ついに面接(めんせつ)を受(う)ける番(ばん)が来(き)ました。

드디어 면접 볼 차례가 왔어요.

数学(すうがく)の成績(せいせき)は伊藤(いとう)さんが一番(いちばん)です。

수학 성적은 이토 씨가 1등이에요.

わたしは１年(いちねん)３組(さんくみ)７番(ななばん)です。

저는 1학년 3반 7번입니다.

단어 ついに 드디어, 마침내, 결국　面接(めんせつ)を受(う)ける 면접을 보다　数学(すうがく) 수학　成績(せいせき) 성적

～度(ど)

횟수를 나타내는 말

一生(いっしょう)に一度(いちど)はヨーロッパで生活(せいかつ)してみたいです。

평생에 한번은 유럽에서 생활해 보고 싶어요.

こんなに大変(たいへん)な仕事(しごと)は二度(にど)としたくないです。

이렇게 힘든 일은 두 번 다시 하고 싶지 않아요.

> 팁 **～度**는 반복되는 빈도가 낮거나 앞으로 또 반복될지 알 수 없을 때, 그리고 다음에 반복되는 것을 원하지 않을 때 사용됩니다.

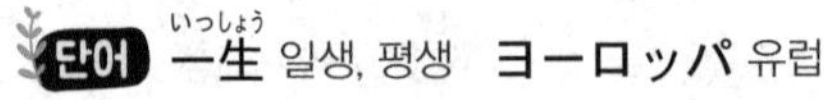

단어 一生(いっしょう) 일생, 평생 ヨーロッパ 유럽

저는 이 카페에 일주일에 세 번은 와요.

○ わたしはこのカフェに週3回(しゅうさんかい)は来(き)ています。

× わたしはこのカフェに週3番(しゅうさんばん)は来(き)ています。

△ わたしはこのカフェに週3度(しゅうさんど)は来(き)ています。

'주 3회'라는 표현처럼 자주 반복되는 행동이나 습관을 말할 때는 보통 回를 사용합니다. 度를 사용하는 경우도 있긴 하지만 回에 비하면 사용 빈도가 낮습니다.

한번이라도 좋으니까 좋아하는 가수와 얘기해보고 싶어요.

△ 一回(いっかい)でいいから好(す)きな歌手(かしゅ)と話(はな)してみたいです。

× 一番(いちばん)でいいから好(す)きな歌手(かしゅ)と話(はな)してみたいです。

○ 一度(いちど)でいいから好(す)きな歌手(かしゅ)と話(はな)してみたいです。

횟수를 나타내는 말로는 回와 度를 사용할 수 있습니다. 다만 예문처럼 그런 상황이 반복될 가능성이 아주 낮거나 그런 상황이 되기가 매우 어렵다고 생각될 때는 度를 사용하는 경향이 있습니다.

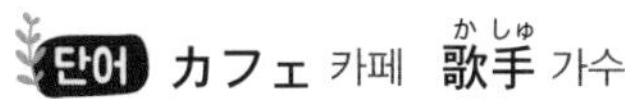

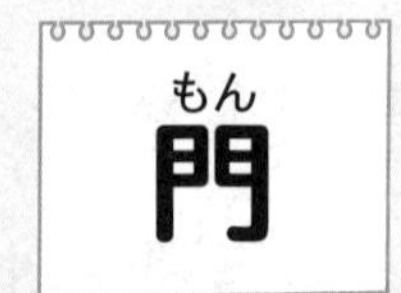

❶ 건물 바깥에 만든 것으로 부지 내에 드나들 수 있는 대문
❷ 무언가를 하면서 반드시 거쳐야 하는 과정

学校(がっこう)の門(もん)の前(まえ)で待(ま)っています。

학교 정문 앞에서 기다리고 있어요.

彼(かれ)は合格(ごうかく)への狭(せま)き門(もん)を通過(つうか)しました。

그는 합격의 좁은 문을 통과했어요.

단어 合格(ごうかく) 합격 狭(せま)き門(もん) 좁은 문 通過(つうか) 통과

❶ 건물이나 방에 들어가는 입구에 있는 문
❷ 자동차나 전철, 버스 등 탈 것의 문
❸ 새로운 환경에 들어섬을 비유적으로 표현하는 말

扉(とびら)は静(しず)かに閉(し)めてください。

문은 조용히 닫아주세요.

車(くるま)の扉(とびら)に傷(きず)がついたので修理(しゅうり)しに行(い)きます。

차 문에 흠집이 나서 수리하러 가요.

今(いま)までしていた仕事(しごと)を辞(や)めて新(あたら)しい人生(じんせい)の扉(とびら)を開(ひら)こうとしています。

지금까지 하던 일을 그만두고 새로운 인생의 문을 열려고 해요.

단어 閉(し)める 닫다　傷(きず)がつく 상처가 나다, 흠집이 생기다　修理(しゅうり) 수리
辞(や)める 그만두다, 사직하다　開(ひら)く 열다

ドア

❶ 건물이나 방에 들어가는 입구에 있는 문
❷ 자동차나 전철, 버스 등 탈 것의 문

部屋(へや)のドアにペンキを塗(ぬ)りました。

방문에 페인트를 칠했어요.

部屋(へや)を出(で)るときはドアを閉(し)めてください。

방을 나갈 때는 문을 닫아주세요.

日本(にほん)のタクシーは自動(じどう)ドアで驚(おどろ)きました。

일본 택시는 자동문이라 놀랐어요.

팁 ドア는 외래어이지만 일상 회화에서는 扉보다 많이 쓰이는 경향이 있습니다.

단어 ペンキ 페인트　塗(ぬ)る 바르다, 칠하다　閉(し)める 닫다　自動(じどう) 자동

선생님 댁은 일본식 대문이 있는 멋진 집이었어요.

O 先生(せんせい)の家(いえ)は和風(わふう)の門(もん)があるすてきな家(いえ)でした。

X 先生(せんせい)の家(いえ)は和風(わふう)の扉(とびら)があるすてきな家(いえ)でした。

X 先生(せんせい)の家(いえ)は和風(わふう)のドアがあるすてきな家(いえ)でした。

집 앞에 있는 대문이나 학교 교문을 표현할 때는 門을 사용합니다. 扉와 ドア는 현관문이나 방문을 가리키는 말입니다.

저 문 너머에는 분명 새로운 세계가 펼쳐져 있을 거예요.

X あの門(もん)の向(む)こうにはきっと新(あたら)しい世界(せかい)が広(ひろ)がっています。

O あの扉(とびら)の向(む)こうにはきっと新(あたら)しい世界(せかい)が広(ひろ)がっています。

X あのドアの向(む)こうにはきっと新(あたら)しい世界(せかい)が広(ひろ)がっています。

아직 경험해보지 못한 새로운 환경에 들어서는 것을 비유적으로 표현할 때는 扉를 사용합니다.

단어 和風(わふう) 일본풍　向(む)こう 저쪽, 맞은편, 건너편　広(ひろ)がる 넓어지다, 펼쳐지다

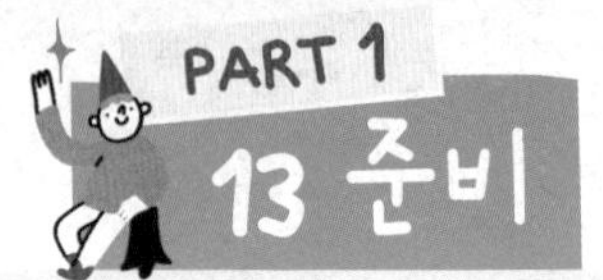

PART 1 13 준비

準備(じゅんび)

❶ 무언가를 위해 오래전부터 준비하는 것
❷ 꼭 필요하지 않아도 어떤 상황에도 대응할 수 있게 대비하는 것
❸ 어떤 일을 맞아 마음가짐을 갖는 것

来年(らいねん)留学(りゅうがく)予定(よてい)なので今(いま)から勉強(べんきょう)したりして留学(りゅうがく)の準備(じゅんび)をしようと思(おも)います。

내년에 유학 갈 예정이어서 지금부터 공부하거나 하면서 유학 준비를 하려고 해요.

午後(ごご)には合格(ごうかく)発表(はっぴょう)があるから今(いま)から心(こころ)の準備(じゅんび)をしておこう。

오후에는 합격 발표가 있으니까 지금부터 마음의 준비를 해 둬야지.

단어 留学(りゅうがく) 유학　合格(ごうかく) 합격　発表(はっぴょう) 발표

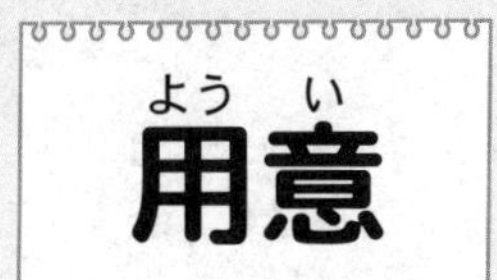

用意(ようい)

바로 움직일 수 있게 사용할 물품이나 필요한 것을 미리 준비해놓는 것

30分前(さんじゅっぷんまえ)から会議(かいぎ)の**用意(ようい)**を始(はじ)めましょう。

30분 전부터 회의 준비를 시작하죠.

時間(じかん)があまりないので早(はや)く出(で)かける**用意(ようい)**をしましょう。

시간이 얼마 없으니 빨리 나갈 준비를 해요.

> 팁 **用意**는 **準備**와 달리 어떤 상황 직전에 준비한다는 뉘앙스가 있습니다.

支度(したく)

예정된 일을 위해 필요한 것을 미리 준비하는 것(특히 식사나 외출 등)

すぐに食事(しょくじ)ができるように支度(したく)をしておきましょう。

바로 식사할 수 있게 준비를 해 둬요.

明日(あした)すぐに出(で)かけられるように、カバンや着(き)るものなどの支度(したく)をしてから寝(ね)るつもりです。

내일 바로 나갈 수 있게 가방이나 입을 옷 등의 준비를 해 두고 잘 생각이에요.

팁 **支度**에도 **用意**와 비슷하게 바로 움직일 수 있게 준비한다는 의미가 있지만, **用意**는 필요한 것을 간단하게 준비한다는 뉘앙스가 있고, **支度**는 필요한 것을 잊지 않고 부족함이 없이 잘 준비한다는 뉘앙스가 있습니다.

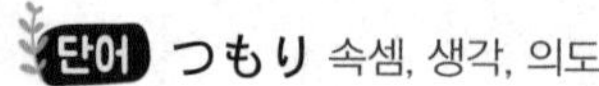

단어 つもり 속셈, 생각, 의도

주말에 캠핑을 가는데 미리 식재료를 사서 준비할 거예요.

O 週末(しゅうまつ)キャンプに行(い)くので事前(じぜん)に食材(しょくざい)を買(か)って準備(じゅんび)しようと思(おも)います。

X 週末(しゅうまつ)キャンプに行(い)くので事前(じぜん)に食材(しょくざい)を買(か)って用意(ようい)しようと思(おも)います。

O 週末(しゅうまつ)キャンプに行(い)くので事前(じぜん)に食材(しょくざい)を買(か)って支度(したく)しようと思(おも)います。

어떤 상황에 대비해서 미리 준비한다는 뜻으로는 準備와 支度를 사용할 수 있습니다. 準備는 만일의 경우를 생각해서 이것저것 챙긴다는 뉘앙스가 있고, 支度는 필요한 것을 잊지 않고 빠짐없이 잘 챙긴다는 뉘앙스가 있습니다. 또, 예문처럼 식사 준비를 말할 때는 支度를 많이 사용합니다.

가방은 나가기 전에 준비할게요.

△ カバンは出(で)かける前(まえ)に準備(じゅんび)します。

O カバンは出(で)かける前(まえ)に用意(ようい)します。

△ カバンは出(で)かける前(まえ)に支度(したく)します。

나중에 사용할 것들을 미리 챙겨 놓는다는 뜻으로는 準備, 用意, 支度 모두 사용할 수 있지만 어떤 상황 직전에 무언가를 필요한 만큼 준비한다는 뉘앙스로 말할 때는 用意가 가장 적절합니다.

단어 週末(しゅうまつ) 주말　キャンプ 캠핑, 야영　事前(じぜん)に 사전에, 미리　食材(しょくざい) 식재료

PART 1

14 기분

気分(きぶん)

❶ 자기자신 또는 상대방의 기분을 표현하는 말
❷ 원인은 잘 모르겠지만 몸이 좋지 않은 느낌을 받음

試験(しけん)に合格(ごうかく)してとてもいい気分(きぶん)です！

시험에 합격해서 정말 기분이 좋아요!

前(まえ)よりも成績(せいせき)が落(お)ちて昨日(きのう)から気分(きぶん)が落(お)ち込(こ)んでいます。

지난번보다 성적이 떨어져서 어제부터 기분이 안 좋아요.

風邪(かぜ)をひいたのか、食欲(しょくよく)もなくて気分(きぶん)も悪(わる)いです。

감기에 걸린 건지 입맛도 없고 몸이 안 좋아요.

팁 **気分**은 '좋음' 또는 '나쁨'에 관한 단어나 '올라가다', '침울해지다' 등의 말을 붙여 **気分がいい/悪い**, **気分が上がる/落ち込む** 등으로 표현할 수 있습니다.

단어 **合格(ごうかく)** 합격 **成績(せいせき)** 성적 **落(お)ち込(こ)む** 침울해지다 **風邪(かぜ)をひく** 감기에 걸리다 **食欲(しょくよく)** 식욕, 입맛

気持ち(きもち)

❶ 자기자신 또는 상대방의 감정이나 신체적 감각을 표현하는 말
❷ 열정을 가지고 무언가를 하겠다는 의사를 나타내는 말
❸ 속이 좋지 않음을 나타내는 말

手紙(てがみ)を読(よ)んであたたかい**気持(きも)ち**になりました。

편지를 읽고 마음이 따뜻해졌어요.

暑(あつ)い夏(なつ)にプールに入(はい)るととても**気持(きも)ち**いいです。

더운 여름에 수영장에 들어가면 정말 기분이 좋아요.

気持(きも)ちを新(あら)たにしてまた頑張(がんば)ろう！

새로운 마음으로 다시 힘내자!

車酔(くるまよ)いがひどくて**気持(きも)ち**悪(わる)いです。

차 멀미가 너무 심해서 속이 안 좋아요.

팁 감정을 표현한다는 의미에서는 **気分**과 비슷하지만 **気持ち**는 보다 복잡하고 섬세한 감정을 표현할 수 있습니다. 특히 상대방의 마음에 대해 이야기할 때는 **気持ち**를 쓰는 것이 더 적절합니다.

팁 **気持ちいい**는 촉각을 통해 좋은 감각을 느끼고 있음을 말하고, **気持ち悪い**는 징그럽거나 느낌이 좋지 않은 것을 보고 듣고 만지는 등 시각, 청각, 촉각을 통해서 혐오하는 감정을 가졌음을 표현합니다.

단어 プール 수영장　新(あら)たにする 새로이 하다　車酔(くるまよ)い 차 멀미

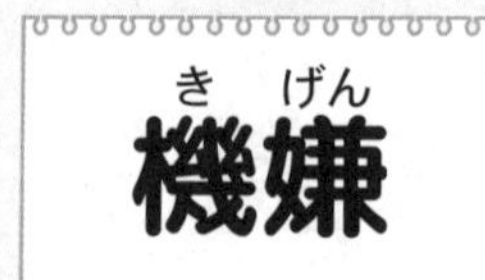

상대방 또는 제삼자의 표정이나 태도에 나타나는 감정을 표현하는 말

社長(しゃちょう)、昨日(きのう)は**機嫌**(きげん)が悪(わる)そうだったけど、今日(きょう)は**機嫌**(きげん)がいいみたいですね。

사장님, 어제는 기분이 안 좋아 보였는데 오늘은 기분이 좋아 보이시네요.

弟(おとうと)は朝(あさ)起(お)きるとき、いつも**機嫌**(きげん)が悪(わる)いです。

남동생은 아침에 일어날 때 항상 기분이 안 좋아요.

> 팁 **機嫌**은 자기자신보다는 상대방 또는 제삼자의 상태를 객관적으로 나타낼 때 사용합니다. 주로 뒤에 '좋다/나쁘다'를 붙여 **機嫌がいい/悪い**라고 표현합니다.

우승했을 때는 정말 기분이 최고였어요!

○ 優勝(ゆうしょう)したときは本当(ほんとう)に最高(さいこう)な**気分**(きぶん)でした！

△ 優勝(ゆうしょう)したときは本当(ほんとう)に最高(さいこう)な**気持ち**(きも)でした！

× 優勝(ゆうしょう)したときは本当(ほんとう)に最高(さいこう)な**機嫌**(きげん)でした！

단순히 자기자신의 기분 또는 상대방의 기분을 표현할 때는 気分을 사용하는 것이 자연스럽습니다. 気持ち도 틀린 표현은 아니지만 気持ち는 좀 더 섬세한 감정을 나타낼 때 사용하면 좋습니다. 機嫌은 표정이나 태도 등 겉으로 보여지는 감정을 말하기 때문에 '최고의 기분이다', '기분이 좋다'라고 할 때는 사용하지 않습니다.

아침을 먹고 나서부터 왠지 컨디션이 안 좋아요.

○ 朝(あさ)ごはんを食(た)べたあとからなぜか**気分**(きぶん)が悪(わる)いんです。

× 朝(あさ)ごはんを食(た)べたあとからなぜか**気持ち**(きも)が悪(わる)いんです。

× 朝(あさ)ごはんを食(た)べたあとからなぜか**機嫌**(きげん)が悪(わる)いんです。

이유나 원인은 잘 모르지만 몸에 이상을 느끼거나 몸 상태가 좋지 않다고 생각할 때는 気分が悪い라고 표현합니다.

이 침대 푹신푹신해서 너무 기분이 좋아요.

△ このベッド、ふかふかしてとても気分(きぶん)がいいです。

○ このベッド、ふかふかしてとても気持ち(きも)いいです。

× このベッド、ふかふかしてとても機嫌(きげん)がいいです。

'이 침대 푹신푹신해서'라는 부분에서 이 침대의 촉감으로 인해 기분이 좋아졌음을 알 수 있습니다. 촉감이 좋은 것을 만졌을 때는 気持ちいい라고 표현하는 것이 가장 적절하고 반대로 촉감이 좋지 않은 것을 만졌을 때는 気持ち悪い라고 하면 됩니다. 気持ちいい 대신에 気分がいい를 사용해도 되지만 보통 신체적 감각을 나타낼 때는 気持ち를 사용합니다.

어제 과음해서 속이 너무 안 좋아….

× 昨日(きのう)飲(の)みすぎちゃってすごく気分悪(きぶんわる)い…。

○ 昨日(きのう)飲(の)みすぎちゃってすごく気持(きも)ち悪(わる)い…。

× 昨日(きのう)飲(の)みすぎちゃってすごく機嫌悪(きげんわる)い…。

과음이나 과식 또는 멀미로 인해서 속이 안 좋다고 표현할 때는 気持ち悪い라고 표현합니다.

스즈키 선배, 아까부터 계속 한숨만 쉬고, 오늘은 기분이 안 좋아 보이네요.

△ 鈴木(すずき)先輩(せんぱい)、さっきからずっとため息(いき)ばかりついて、今日(きょう)は**気分(きぶん)**悪(わる)そうですね。

× 鈴木(すずき)先輩(せんぱい)、さっきからずっとため息(いき)ばかりついて、今日(きょう)は**気持(きも)ち**悪(わる)そうですね。

○ 鈴木(すずき)先輩(せんぱい)、さっきからずっとため息(いき)ばかりついて、今日(きょう)は**機嫌(きげん)**悪(わる)そうですね。

한숨만 쉬는 선배의 모습을 보고 기분이 안 좋아 보인다고 생각했을 때 気分が悪そう라고 해도 되지만 상대방의 얼굴 표정이나 태도에서 나타나는 감정에는 機嫌을 사용하는 것이 가장 잘 어울립니다.

단어 優勝(ゆうしょう) 우승　最高(さいこう) 최고임　なぜか 어째선지, 왠지　ふかふか 푹신푹신
飲(の)みすぎる 과음하다　先輩(せんぱい) 선배(님)　さっき 아까　ため息(いき)をつく 한숨을 쉬다

PART 1 15 옆, 곁

❶ 서로 같은 성질을 가진 A와 B가 좌우 방향에 위치함
❷ 옆집, 이웃

スーパーの隣(となり)にコンビニができました。

슈퍼마켓 옆에 편의점이 생겼어요.

わたしの隣(となり)にいるのはゆかちゃんだよ。

내 옆에 있는 건 유카야.

引(ひ)っ越(こ)しが終(お)わったのでお隣(となり)に挨拶(あいさつ)をしに行(い)きます。

이사가 끝나서 옆집에 인사하러 갈 거예요.

팁 隣는 어떤 물체끼리 혹은 사람간의 거리가 멀고 가까움에 상관없이 사용할 수 있습니다.

팁 이웃이나 옆 사람 등 사람에게 사용하면 'A와 B가 비교적 친하다'라는 뉘앙스가 있습니다.

단어 コンビニ(=コンビニエンスストア) 편의점 引(ひ)っ越(こ)し 이사 挨拶(あいさつ) 인사

A와 B가 좌우 방향에 위치함

駅の横には水族館があります。

역 옆에는 수족관이 있어요.

このカバンは木の横に落ちていました。

이 가방은 나무 옆에 떨어져 있었어요.

わたしの横に写っているのは斎藤さんです。

제 옆에 찍혀 있는 사람은 사이토 씨예요.

> 팁 **横**는 **隣**와 마찬가지로 A와 B 사이의 거리에 상관없이 사용할 수 있으며, **横**는 A와 B가 같은 성질을 가진 것이 아니어도 쓸 수 있습니다.

> 팁 **横**도 사람에게 쓸 수 있지만 **隣**에 비해 다소 친근감이 없는 뉘앙스가 있습니다.

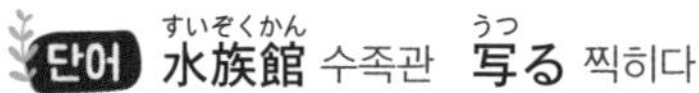

そば

❶ A와 B가 좌우 방향으로 가까운 거리에 위치함
❷ 곁, 공간적·심리적으로 가까운 곳

ATM(エーティーエム)は入(い)り口(ぐち)のすぐそばにありますよ。

현금 인출기는 입구 바로 옆에 있어요.

わたしのそばにいてください。

제 곁에 있어주세요.

離(はな)れていてもわたしの心(こころ)はいつもそばにいるよ。

떨어져 있어도 내 마음은 항상 네 곁에 있어.

팁 そば는 A와 B의 거리가 굉장히 가까움을 뜻하는 말입니다. 또 그 거리는 물리적인 거리를 말할 수도 있고 심리적인 거리를 말할 수도 있습니다.

단어 ATM(エーティーエム) 현금 인출기 離(はな)れる 멀어지다, 떨어지다

은행은 공원 옆에 있어요.

△ 銀行(ぎんこう)は公園(こうえん)の隣(となり)にあります。

○ 銀行(ぎんこう)は公園(こうえん)の横(よこ)にあります。

△ 銀行(ぎんこう)は公園(こうえん)のそばにあります。

'은행'과 '공원'처럼 서로 성격이 다른 시설 혹은 기관이 좌우의 방향에 위치함을 말할 때는 横를 사용합니다. 다만 隣도 뜻이 비슷하기 때문에 사용하는 경우도 있습니다. そば는 바로 옆에 있을 때는 사용할 수 있지만 단순히 좌우에 방향에 있다는 것을 말할 때는 사용하지 않습니다.

이 원룸은 옆집의 소리가 들려요.

○ このワンルームは隣(となり)の部屋(へや)の音(おと)が聞(き)こえます。

× このワンルームは横(よこ)の部屋(へや)の音(おと)が聞(き)こえます。

× このワンルームはそばの部屋(へや)の音(おと)が聞(き)こえます。

'옆집' 그리고 '이웃'을 표현할 때는 隣를 사용합니다. 옆집은 隣の家나 お隣さん이라고 하고 '이웃'은 近所(きんじょ)나 ご近所さん라고 합니다. 또 원룸처럼 방이 붙어 있는 집 구조의 경우 '옆집'을 隣の部屋라고 합니다.

단어 ワンルーム 원룸 아파트

16 공짜, 무료

タダ

❶ 금전적인 거래가 오가지 않는 것
❷ 보상이나 보수가 없는 것

イベント会場(かいじょう)に行(い)ったらほしかったものがタダでもらえました。

행사장에 갔더니 갖고 싶었던 것을 공짜로 받을 수 있었어요.

友(とも)だちの頼(たの)みだからと思(おも)ってタダで働(はたら)きました。

친구의 부탁이라고 생각해서 공짜로 일했어요.

팁 주로 일상 회화나 광고 문구로 쓰이며 공짜임을 강조하는 뉘앙스가 있습니다. **タダ**는 히라가나보다는 가타카나로 표기하는 경우가 훨씬 많습니다.

팁 **タダで働く**(공짜로 일하다)는 **タダ働(ばたら)きする**라고도 합니다.

단어 **イベント会場(かいじょう)** 행사장 **頼(たの)み** 부탁, 청

無料(むりょう)

서비스를 제공하는 데에 있어 금전적인 거래가 오가지 않는 것

今(いま)なら無料(むりょう)で見(み)たい映画(えいが)をダウンロードすることができます。

지금이라면 무료로 보고 싶은 영화를 다운로드 할 수 있어요.

この銀行(ぎんこう)は手数料(てすうりょう)無料(むりょう)で振込(ふりこみ)することができます。

이 은행은 수수료 무료로 이체할 수 있어요.

팁 **無料**는 여러 상황에서 쓰이는 말이지만 **年会費**(ねんかいひ)**無料**(연회비 무료)나 **送料**(そうりょう)**無料**(배송비 무료) 등 한자어와 붙여서 사용하는 경우가 많습니다. 또 **タダ**에 비해 좀 더 격식을 차린 느낌을 주어 손님에게 안내할 때 사용하는 경향이 있습니다.

단어 ダウンロード 다운로드 手数料(てすうりょう) 수수료 振込(ふりこみ) 입금, 이체

이 어플은 공짜로 쓸 수 있어서 좋아.

○ このアプリはタダで使(つか)えるからいいよ。

△ このアプリは無料(むりょう)で使(つか)えるからいいよ。

공짜임을 말할 때 일상 회화에서는 タダ를 많이 사용합니다. 無料를 쓰면 다소 딱딱한 뉘앙스가 있습니다.

지금 캠페인에 응모하면 무료로 영화 티켓을 받을 수 있어요!

△ 今(いま)キャンペーンに応募(おうぼ)したらタダで映画(えいが)のチケットがもらえます！

○ 今(いま)キャンペーンに応募(おうぼ)したら無料(むりょう)で映画(えいが)のチケットがもらえます！

행사장이나 가게 등에 오는 손님에게 공짜임을 말할 때는 無料를 사용하는 경향이 있습니다. タダ를 쓰면 친근하게 손님을 대하는 뉘앙스가 있습니다.

단어 アプリ(=アプリケーション) 어플(어플리케이션), 앱　キャンペーン 캠페인, 선전 활동　応募(おうぼ) 응모

여기는 무료 주차장입니다.

✕ ここはタダ駐車場(ちゅうしゃじょう)です。

○ ここは無料(むりょう)駐車場(ちゅうしゃじょう)です。

'무료 주차장'처럼 한자어와 붙여서 사용하는 경우에는 無料를 사용합니다.

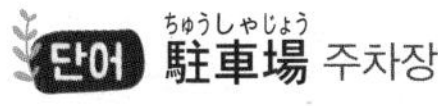

計算(けいさん)

❶ 수량을 세는 것
❷ 결과를 어느 정도 예상하고 계획을 세우는 것

この商品(しょうひん)の消費税(しょうひぜい)を**計算**(けいさん)してください。

이 상품의 소비세를 계산해 주세요.

時間(じかん)がかかることも**計算**(けいさん)して、できることは先(さき)にしておきましょう。

시간이 걸리는 것도 계산해서 가능한 것은 먼저 해 둬요.

팁 '계산기'는 일본어로 **電卓**(でんたく)라고 합니다.

단어 商品(しょうひん) 상품 消費税(しょうひぜい) 소비세 時間(じかん)がかかる 시간이 걸리다 先(さき)に 먼저, 앞서

상품이나 서비스에 대해 값을 지불하는 것

お会計(かいけい)お願(ねが)いします。

계산해 주세요.

お会計(かいけい)は現金(げんきん)でされますか、それともカードでされますか？

계산은 현금으로 하시겠어요, 아니면 카드로 하시겠어요?

단어 現金(げんきん) 현금　される 하시다(존경어)　それとも 아니면

비교

저는 매달 생활비를 계산해서 가계부를 적어요.

O 私(わたし)は毎月(まいつき)生活費(せいかつひ)を**計算**(けいさん)して家計簿(かけいぼ)をつけます。

X 私(わたし)は毎月(まいつき)生活費(せいかつひ)を**会計**(かいけい)して家計簿(かけいぼ)をつけます。

어떤 수량을 세는 것, 또는 덧셈이나 뺄셈 등 계산하는 것을 표현할 때는 計算을 사용합니다.

실패하는 것도 계산해 놓읍시다.

O 失敗(しっぱい)することも**計算**(けいさん)しておきましょう。

X 失敗(しっぱい)することも**会計**(かいけい)しておきましょう。

어떤 결과를 예상하고 미리 계획을 해 놓는 것을 표현할 때는 計算을 사용합니다.

단어 生活費(せいかつひ) 생활비 家計簿(かけいぼ) 가계부 つける 기입하다, 적다 失敗(しっぱい) 실패, 실수

손님, 계산은 저쪽 계산대에서 부탁 드립니다.

✕ お客様(きゃくさま)、計算(けいさん)はあちらのレジにてお願(ねが)いいたします。

○ お客様(きゃくさま)、お会計(かいけい)はあちらのレジにてお願(ねが)いいたします。

식당이나 상점 등에서 금액을 지불한다고 말할 때는 会計를 사용합니다. 또 예문처럼 손님과 직원간의 대화에서는 보통 お를 붙여서 お会計라고 합니다.

단어 レジ(=レジスター) 계산대　～にて ~에, ~에서

18 거스름돈, 잔돈

おつり

거스름돈, 잔돈

おつりをもらったら金額(きんがく)を確認(かくにん)して財布(さいふ)に入(い)れます。

거스름돈을 받으면 금액을 확인하고 지갑에 넣어요.

わたしはおつりをいつも寄付(きふ)しています。

저는 거스름돈을 항상 기부해요.

팁 おつり는 무언가를 살 때 실제 가격보다 높은 금액을 지불해 발생하는 차액을 말합니다.

단어 金額(きんがく) 금액 確認(かくにん) 확인 寄付(きふ) 기부

お返し(かえ)

❶ 거스름돈, 잔돈
❷ 답례(품)

350円(さんびゃくごじゅうえん)のお返(かえ)しでございます。

거스름돈 350엔입니다.

友(とも)だちに渡(わた)すお返(かえ)しのプレゼントを選(えら)んでいます。

친구에게 줄 답례 선물을 고르고 있어요.

팁 '거스름돈, 잔돈'이라는 뜻으로는 **おつり**와 같지만 **お返し**는 돈을 돌려준다는 의미가 있어 가게 직원과 같이 차액을 돌려주는 사람이 사용합니다.

비교

버튼을 누르면 거스름돈이 나와요.

O ボタンを押(お)すとおつりが出(で)てきます。

X ボタンを押(お)すとお返(かえ)しが出(で)てきます。

내가 산 상품의 가격보다 높은 금액을 지불했을 때 돌려받는 거스름돈을 おつり라고 합니다.

손님, 거스름돈은 500엔입니다.

X お客様(きゃくさま)、おつりは500円(ごひゃくえん)でございます。

O お客様(きゃくさま)、お返(かえ)しは500円(ごひゃくえん)でございます。

직원이 손님에게 거스름돈을 줄 때는 お返し를 사용합니다. お返しは○○円でございます 또는 ○○円のお返しでございます라는 말과 함께 거스름돈을 건네줍니다.

단어 ボタン 버튼 押(お)す 누르다

지인한테 출산 선물을 받아서 답례품을 보냈어요.

✕ 知(し)り合(あ)いから出産祝(しゅっさんいわ)いをもらったのでおつりを贈(おく)りました。

○ 知(し)り合(あ)いから出産祝(しゅっさんいわ)いをもらったのでお返(かえ)しを贈(おく)りました。

일본은 결혼이나 출산, 이사나 개업 그리고 병문안 등의 상황에서 선물을 준 사람에게 나중에 감사의 마음을 담아 답례품을 주는 문화가 있습니다. 이런 상황에서 주는 답례품을 お返し라고 합니다.

단어 知(し)り合(あ)い 지인, 친지 出産祝(しゅっさんいわ)い 출산 선물 贈(おく)る (선물을) 보내다, 선물하다

PART 1

19 일, 직업

仕事（しごと）

❶ 일을 가리키는 말
❷ 직종을 가리키는 말
❸ 일자리를 가리키는 말

英語（えいご）を教（おし）える仕事（しごと）はとてもやりがいがあります。

영어를 가르치는 일은 매우 보람이 있어요.

10年後（じゅうねんご）にはどんな仕事（しごと）が人気（にんき）でしょうか？

10년 후에는 어떤 직종이 인기 있을까요?

先月（せんげつ）資格（しかく）を取（と）ったので、これから新（あたら）しい仕事（しごと）を見（み）つけようと思（おも）います。

지난달에 자격증을 땄기 때문에 이제부터 새로운 일을 찾으려고 해요.

> 팁 **仕事**에는 '해야 하는 일'이라는 뜻이 있습니다. 또 **仕事**는 직종을 가리키는 말이기도 하지만, 주로 구체적인 업무 처리나 업무 내용에 대해 말할 때 많이 사용합니다.

단어 **やりがい** 하는 보람, 할 만한 가치 **人気（にんき）** 인기 **資格（しかく）を取（と）る** 자격(증)을 따다 **見（み）つける** 찾다, 발견하다

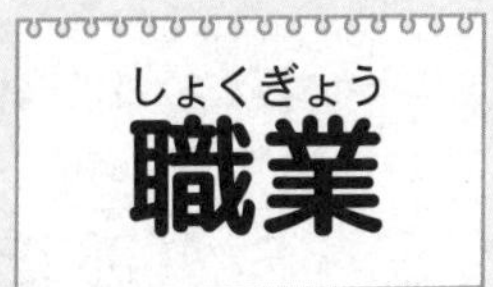

職業(しょくぎょう)

직종을 가리키는 말

男(おとこ)の子(こ)に人気(にんき)のある職業(しょくぎょう)は警察官(けいさつかん)です。

남자 아이에게 인기 있는 직종은 경찰관이에요.

職業安定所(しょくぎょうあんていじょ)ではいろいろな職業(しょくぎょう)を紹介(しょうかい)してもらえます。

직업소개소에서는 여러 가지 직종을 소개받을 수 있어요.

단어 人気(にんき) 인기 警察官(けいさつかん) 경찰관 職業安定所(しょくぎょうあんていじょ) 직업소개소

저는 마케팅부에서 상품을 기획하는 일을 하고 있어요.

O わたしはマーケティング部(ぶ)で商品(しょうひん)を企画(きかく)する**仕事**(しごと)をしています。

X わたしはマーケティング部(ぶ)で商品(しょうひん)を企画(きかく)する**職業**(しょくぎょう)をしています。

회사에서 어떤 일을 한다는 등 구체적인 업무에 관한 내용을 말할 때는 仕事를 사용합니다.

다음 주부터 일주일 동안 직업체험을 할 예정이에요.

O 来週(らいしゅう)から一週間(いっしゅうかん)**仕事**(しごと)体験(たいけん)をする予定(よてい)です。

O 来週(らいしゅう)から一週間(いっしゅうかん)**職業**(しょくぎょう)体験(たいけん)をする予定(よてい)です。

'직업체험'은 보통 職業体験이라고 하지만 仕事体験이라는 말도 사용합니다. 職業体験이라고 하면 어떤 직종을 직접 접해보고 체험한다는 뉘앙스가 있고, 仕事体験은 구체적인 업무 처리를 체험한다는 뉘앙스가 있습니다.

단어 マーケティング 마케팅 ～部(ぶ) ～부, 부서 商品(しょうひん) 상품 企画(きかく) 기획 体験(たいけん) 체험

연봉이 높은 일을 찾고 있어요.

年俸(ねんぽう)が高(たか)い仕事(しごと)を探(さが)しています。

年俸(ねんぽう)が高(たか)い職業(しょくぎょう)を探(さが)しています。

仕事라고 하면 단순히 '일'을 가리키거나 '일자리'를 가리킬 수 있습니다. 職業라고 하면 직종을 가리키는 표현이 됩니다.

年俸(ねんぽう) 연봉

PART 1

20 관심, 흥미

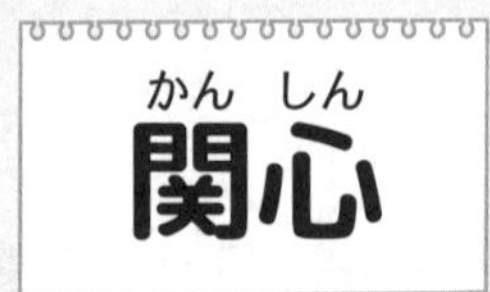

関心(かんしん)

무언가에 재미가 있다고 느끼는 것 또는 더 나아가 그것에 주의를 기울이는 것

わたしは政治(せいじ)や国際情勢(こくさいじょうせい)に関心(かんしん)があります。

저는 정치나 국제 정세에 관심이 있어요.

野球観戦(やきゅうかんせん)をしたあとから野球(やきゅう)に関心(かんしん)を持(も)って、テレビでも試合(しあい)を見(み)るようになりました。

야구 관람을 하고 나서부터 야구에 관심을 가져서 텔레비전으로도 경기를 보게 되었어요.

팁 **関心**은 관심을 가지고 자세하게 알아본다는 뉘앙스가 있는데, 관심이 있는 대상이 다소 무거운 내용에 쓰이기도 합니다.

단어 政治(せいじ) 정치 国際(こくさい) 국제 情勢(じょうせい) 정세 野球(やきゅう) 야구 観戦(かんせん) 관전, 관람 試合(しあい) 시합, 경기

무언가에 마음이 가거나 재미있다고 느끼는 것

視聴者(しちょうしゃ)の興味(きょうみ)を引(ひ)くようなＣＭ(シーエム)を作(つく)りましょう。

시청자의 흥미를 끌만한 광고를 만듭시다.

初(はじ)めてコンサートに行(い)って歌手(かしゅ)に興味(きょうみ)を持(も)つようになりました。

처음으로 콘서트에 가서 가수에 흥미를 갖게 되었어요.

팁 **興味**는 일상과 관련된 것에 많이 사용되고 **関心**보다는 다소 가벼운 뉘앙스가 있습니다.

단어 **視聴者(しちょうしゃ)** 시청자 **興味(きょうみ)を引(ひ)く** 흥미를 끌다, 관심을 끌다 **CM(シーエム)** 광고 방송

과학을 연구하는 동안에 점점 관심이 깊어졌어요.

O 科学(かがく)を研究(けんきゅう)するうちにどんどん関心(かんしん)が深(ふか)まっていきました。

X 科学(かがく)を研究(けんきゅう)するうちにどんどん興味(きょうみ)が深(ふか)まっていきました。

関心은 어떤 것에 재미를 느끼거나 주의를 기울이는 것, 더 나아가 그것을 더 알아보려고 하는 마음을 말합니다. 그리고 関心이 쓰이는 대상은 영화나 음악 등 일상과 관련된 것부터 정치나 세계적인 문제 등 다소 무거운 주제까지 다양합니다.

일본 애니메이션을 보고 일본어에 흥미가 생겼어요.

△ 日本(にほん)のアニメを見(み)て日本語(にほんご)に関心(かんしん)がわきました。

O 日本(にほん)のアニメを見(み)て日本語(にほんご)に興味(きょうみ)がわきました。

興味는 어떤 것에 재미나 매력을 느껴서 마음이 끌리는 것을 말합니다. 興味를 쓰는 대상은 주로 일상과 관련된 것이고 関心보다 가벼운 뉘앙스로 사용됩니다.

단어 科学(かがく) 과학 研究(けんきゅう) 연구 ～うちに ～하는 동안에, ～하는 사이에
どんどん 점점, 자꾸 深(ふか)まる 깊어지다 興味(きょうみ)がわく 흥미가 생기다

요리에 관심이 있어서 요리학원에 다니고 있어요.

Q 料理(りょうり)に関心(かんしん)があるので料理教室(りょうりきょうしつ)に通(かよ)っています。

△ 料理(りょうり)に興味(きょうみ)があるので料理教室(りょうりきょうしつ)に通(かよ)っています。

일상과 관련된 것에 재미를 느낀다고 할 때는 関心과 興味 둘 다 사용할 수 있으나 관심을 가지고 더 알아본다거나 배우려고 한다는 것을 표현할 때는 주로 関心을 씁니다.

단어 料理教室(りょうりきょうしつ) 요리학원

평소 생활하는 장소를 떠나 다른 장소를 방문하는 것

絶景(ぜっけい)に出会(であ)える旅(たび)へお誘(さそ)いします！

절경을 만날 수 있는 여행에 초대합니다!

就職活動(しゅうしょくかつどう)を始(はじ)める前(まえ)に自分探(じぶんさが)しの旅(たび)に行(い)こうと思(おも)います。

구직 활동을 시작하기 전에 제 자신을 찾는 여행을 가려고 해요.

> 팁 旅는 모험을 하거나 미지의 세계에 들어선다는 뉘앙스가 있습니다. 그리고 여행 자체가 목적이라기 보다는 여행을 통해 무언가를 얻거나 여행의 과정을 즐긴다는 뜻이 있으며, 말할 때보다는 글을 쓸 때나 광고 등에 많이 사용하는 문어체적인 표현입니다.

단어 **絶景(ぜっけい)** 절경 **出会(であ)う** (우연히) 만나다 **誘(さそ)う** 권하다, 초대하다
就職活動(しゅうしょくかつどう) 구직 활동, 취업 준비 **自分探(じぶんさが)し** 자아 찾기

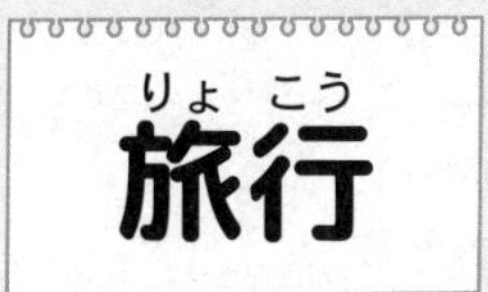

旅行(りょこう)

평소 생활하는 장소를 떠나 다른 장소를 방문하는 것

来月(らいげつ)2年(にねん)ぶりに家族旅行(かぞくりょこう)で北海道(ほっかいどう)に行(い)きます。

다음 달에 2년 만에 가족여행으로 홋카이도에 가요.

わたしはパッケージ旅行(りょこう)よりも自由旅行(じゆうりょこう)の方(ほう)が好(す)きです。

저는 패키지여행보다도 자유여행을 좋아해요.

> 팁 뜻은 **旅**와 같지만 **旅行**는 평소에 경험하지 못하는 것을 경험하러 가는 것이 목적이 됩니다.

단어 **～ぶり** ～만에 **北海道(ほっかいどう)** 홋카이도 **パッケージ** 패키지

비교

혼자 하는 여행의 묘미는 혼자만의 시간을 보내면서 새로운 나를 발견할 수 있는 것이에요.

O 一人旅(ひとりたび)の醍醐味(だいごみ)は一人(ひとり)だけの時間(じかん)を過(す)ごしながら新(あたら)しい自分(じぶん)を発見(はっけん)できることです。

X 一人旅行(ひとりりょこう)の醍醐味(だいごみ)は一人(ひとり)だけの時間(じかん)を過(す)ごしながら新(あたら)しい自分(じぶん)を発見(はっけん)できることです。

혼자서 가는 여행을 말할 때는 一人에 旅를 붙여서 一人旅라고 합니다. 또 旅는 여행을 하는 과정에서 무언가를 얻거나 깨닫는다는 뉘앙스로 사용되는 경향이 있습니다.

해외여행을 간다면 스위스에 가서 아름다운 풍경을 직접 보고 싶어요.

X 海外旅(かいがいたび)をするなら、スイスに行(い)ってきれいな景色(けしき)を直接(ちょくせつ)見(み)てみたいです。

O 海外旅行(かいがいりょこう)をするなら、スイスに行(い)ってきれいな景色(けしき)を直接(ちょくせつ)見(み)てみたいです。

'해외여행'은 海外旅行라고 합니다. 또 旅行는 평소에 자주 가지 못하는 곳에 가서 해보지 못한 것을 경험하는 것이 목적이라는 뉘앙스가 있습니다.

단어 醍醐味(だいごみ) 묘미, 참된 즐거움 過(す)ごす (시간을) 보내다, 지내다 発見(はっけん) 발견 海外(かいがい) 해외 スイス 스위스 景色(けしき) 풍경, 경치 直接(ちょくせつ) 직접

저는 유명한 관광지를 구경하면서 여행하는 것을 좋아해요.

△ わたしは有名(ゆうめい)な観光地(かんこうち)を見(み)ながら旅(たび)するのが好(す)きです。

○ わたしは有名(ゆうめい)な観光地(かんこうち)を見(み)ながら旅行(りょこう)するのが好(す)きです。

예문처럼 유명한 관광지를 구경하는 등 평소에 보지 못하는 것을 보러 가거나 하지 못하는 것을 경험하는 것이 목적이라면 보통 旅行를 사용합니다. 旅를 사용하면 관광지를 구경하면서 새로운 문화를 접한다거나 무언가를 깨닫는 것이 목적이라는 뉘앙스가 있습니다.

단어 観光地(かんこうち) 관광지

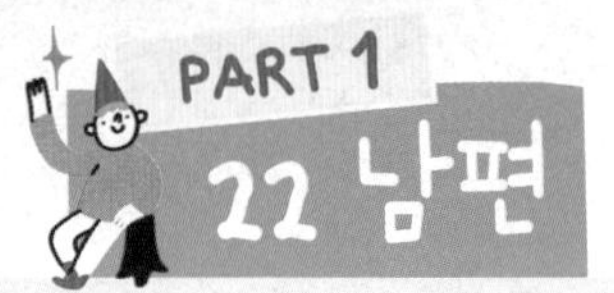

남편을 가리키는 말 중 격식을 차린 표현

主人(しゅじん)は今(いま)仕事(しごと)に出(で)かけました。

남편은 지금 일하러 나갔어요.

課長(かちょう)のご主人様(しゅじんさま)にもよろしくお伝(つた)えください。

과장님 남편분께도 안부 전해주세요.

> 팁 **主人**은 '주인'이라는 의미로 상하 관계를 내포한 표현이기도 해서 요즘의 젊은 사람들은 잘 사용하지 않습니다. 다만 격식을 갖춰야 할 상황에서는 **主人**을 사용하는 경향이 있습니다.

> 팁 상대방의 남편을 말할 때도 사용하는데, 이때 **ご主人さん**이라고 합니다. 또 고객이나 상사의 남편과 같은 윗사람의 남편을 가리킬 때 **ご主人様**라고 하면 더 경의를 표하게 됩니다.

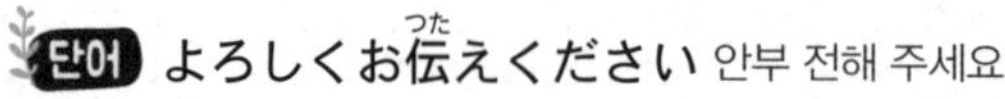

나의 남편

わたしと夫(おっと)は中学校(ちゅうがっこう)の同級生(どうきゅうせい)です。

저랑 남편은 중학교 동창이에요.

週末(しゅうまつ)は夫(おっと)の親戚(しんせき)の家(いえ)に挨拶(あいさつ)をしに行(い)きます。

주말에 남편의 친척집에 인사하러 가요.

夫(おっと)の欄(らん)にも名前(なまえ)を書(か)いて婚姻届(こんいんとど)けを出(だ)しました。

남편 칸에도 이름을 쓰고 혼인신고서를 냈어요.

> 팁 다른 사람의 남편을 가리킬 때는 사용하지 않습니다. 또 **夫**는 법률 용어로도 사용되며 혼인신고서 등 서류를 작성할 때 쓰이는 말이기도 합니다.

同級生(どうきゅうせい) 동급생, 동창 **週末**(しゅうまつ) 주말 **親戚**(しんせき) 친척 **挨拶**(あいさつ) 인사 **欄**(らん) 난, 칸
婚姻届け(こんいんとどけ) 혼인신고서

旦那(だんな)

나의 남편이나 다른 사람의 남편을 가리키는 말

昨日(きのう)久(ひさ)しぶりに旦那(だんな)と口(くち)ゲンカしちゃった。

어제 오랜만에 남편과 말싸움을 해버렸어.

夕飯(ゆうはん)は旦那(だんな)の好(す)きなメニューを作(つく)ろうと思(おも)います。

저녁은 남편이 좋아하는 메뉴를 만들려고 해요.

旦那(だんな)さんは何歳年上(なんさいとしうえ)なの？

남편은 몇 살 연상이야?

팁 **主人**이나 **夫**보다는 가벼운 뉘앙스가 있어 주로 친한 사람들과 말할 때 많이 사용합니다. 상대방의 남편을 말할 때는 보통 **旦那さん**이라고 합니다.

단어 久(ひさ)しぶりに 오랜만에 口(くち)ゲンカ 말다툼, 말싸움 夕飯(ゆうはん) 저녁(밥) メニュー 메뉴, 식단, 요리 年上(としうえ) 연상

남편 분 몸 상태는 어떠세요?

○ ご主人(しゅじん)さん、体調(たいちょう)はいかがですか？

× 夫(おっと)さん、体調(たいちょう)はいかがですか？

△ 旦那(だんな)さん、体調(たいちょう)はいかがですか？

다른 사람의 남편을 말할 때 사용할 수 있는 단어는 主人과 旦那이지만 이 예문처럼 정중하게 말하는 상황이라면 主人을 씁니다. 경의를 표하기 위해서는 보통 ご主人さん이나 ご主人様라고 합니다. 다른 사람의 남편을 가리킬 때 夫는 사용하지 않습니다.

우리 남편은 지금 외출 중입니다.

○ うちの主人(しゅじん)はただいま外出中(がいしゅつちゅう)です。

○ うちの夫(おっと)はただいま外出中(がいしゅつちゅう)です。

△ うちの旦那(だんな)はただいま外出中(がいしゅつちゅう)です。

나의 남편을 말할 때는 主人, 夫, 旦那 모두 사용할 수 있지만 旦那는 가벼운 뉘앙스가 있어서 보통 친한 사람과 대화할 때 사용합니다. 친하지 않은 사람에게 나의 남편을 말할 때는 主人이나 夫를 사용하는 것이 좋습니다.

단어 体調(たいちょう) 몸 상태 外出(がいしゅつ) 외출, 나들이

奥(おく)さん

아내를 가리키는 정중한 말

これ、奥(おく)さんとこどもたちと一緒(いっしょ)に食(た)べてくださいね。

이거 사모님이랑 아이들하고 같이 드세요.

うちの奥(おく)さんは背(せ)が高(たか)いです。

우리 아내는 키가 커요.

> 팁 나의 아내를 말할 때도 다른 사람의 아내를 말할 때도 사용할 수 있습니다.

나의 아내

妻(つま)がいつもお世話(せわ)になっております。

아내가 항상 신세 지고 있어요.

妻(つま)と小(ちい)さな店(みせ)を開(ひら)くことにしました。

아내와 작은 가게를 열기로 했습니다.

> 팁 **妻**는 **夫**와 같이 나의 아내를 말할 때만 사용하고 다른 사람의 아내를 가리킬 때는 사용하지 않습니다. 또 법률 용어로도 사용합니다.

단어 お世話(せわ)になる 신세를 지다 小(ちい)さな 작은 開(ひら)く 열다, 시작하다

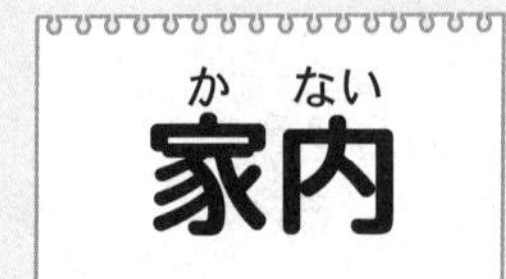

家内(かない)

나의 아내

家内(かない)には10歳年下(じゅっさいとしした)の弟(おとうと)がいます。

아내에게는 10살 어린 남동생이 있어요.

家内(かない)はサーフィンが好(す)きで夏(なつ)によく海(うみ)に行(い)きます。

아내는 서핑을 좋아해서 여름에 자주 바다에 가요.

> 팁 **妻**보다는 가벼운 뉘앙스가 있어 친한 사람들과의 대화에서 많이 쓰는 말입니다.

단어 年下(としした) 연하　サーフィン 서핑

❶ 나의 아내
❷ 며느리

嫁(よめ)と初(はじ)めて出会(であ)ったときのことを今(いま)でも覚(おぼ)えています。

아내와 처음으로 만났을 때를 지금도 기억하고 있어요.

今日(きょう)はうちに嫁(よめ)と孫(まご)が遊(あそ)びに来(く)るの。

오늘은 우리 집에 며느리랑 손주가 놀러 와.

> 팁 嫁는 家内보다 더 가벼운 뉘앙스가 있어 친한 사람과 말할 때에 사용합니다.

단어 出会(であ)う (우연히) 만나다　孫(まご) 손주

비교

부엌은 사모님의 요청에 맞춰서 수리해드리겠습니다.

O キッチンは奥様(おくさま)のご要望(ようぼう)に合(あ)わせてリフォームいたします。

X キッチンは妻様(つまさま)のご要望(ようぼう)に合(あ)わせてリフォームいたします。

X キッチンは家内様(かないさま)のご要望(ようぼう)に合(あ)わせてリフォームいたします。

X キッチンは嫁様(よめさま)のご要望(ようぼう)に合(あ)わせてリフォームいたします。

다른 사람의 아내를 정중하게 말할 때 사용하는 단어는 奥さん이고 더 정중하게 말하려면 奥様라고 하면 됩니다. 妻, 家内, 嫁는 다른 사람의 아내를 말할 때는 사용하지 않습니다.

단어 キッチン 부엌　要望(ようぼう) 요망, 요구, 요청　合(あ)わせる 맞추다, 맞게 하다
リフォーム 개량, 수리

우리 아내는 요리를 잘해요.

△ うちの奥さん(おく)は料理(りょうり)がうまいんですよ。

○ うちの妻(つま)は料理(りょうり)がうまいんですよ。

○ うちの家内(かない)は料理(りょうり)がうまいんですよ。

○ うちの嫁(よめ)は料理(りょうり)がうまいんですよ。

나의 아내를 말할 때는 奥さん, 妻, 家内, 嫁 모두 사용할 수 있습니다. 家内와 嫁는 가벼운 뉘앙스가 있어 보통 친한 사람과 대화할 때 많이 쓰입니다. 그리고 나의 아내를 말하는데 さん이 들어간 奥さん을 쓰는 것이 다소 부자연스럽다고 여기는 사람도 있어, 어느 정도 격식을 갖춰서 말해야 할 상황이라면 妻를 쓰는 것이 좋습니다.

단어 うまい 잘하다, 훌륭하다

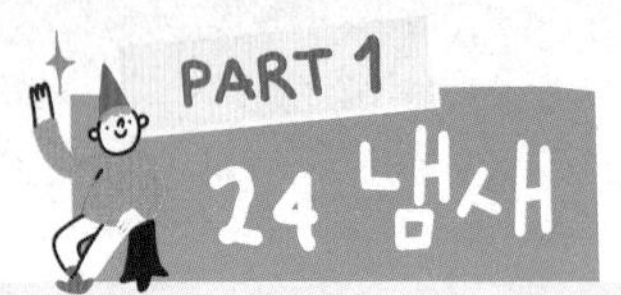

匂(にお)い

냄새, 향기

わたしは匂(にお)いに敏感(びんかん)です。

저는 냄새에 민감해요.

玄関(げんかん)を開(あ)けたらおでんのいい匂(にお)いがしました。

현관문을 열었더니 어묵탕의 좋은 냄새가 났어요.

あのパン屋(や)さんから毎朝(まいあさ)パンが焼(や)ける香(こう)ばしい匂(にお)いがします。

저 빵집에서 매일 아침 빵 굽는 구수한 냄새가 나요.

> 팁 **匂い**는 주로 좋은 냄새나 향기를 나타낼 때 많이 사용되며 특히 요리할 때 나는 맛있는 냄새를 표현할 때 많이 쓰입니다.

단어 **敏感(びんかん)** 민감함 **玄関(げんかん)** 현관(문) **おでん** 어묵(탕) **焼(や)ける** 구워지다
香(こう)ばしい 향기롭다, 구수하다

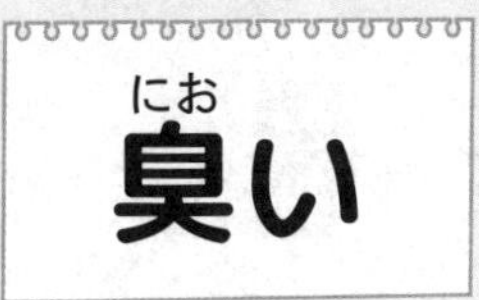

냄새, 특히 불쾌한 냄새

生(なま)ゴミは臭(にお)いがするのですぐに捨(す)ててください。

음식물 쓰레기는 냄새가 나니까 바로 버려 주세요.

わたしはにんにくの臭(にお)いが好(す)きではありません。

저는 마늘 냄새를 좋아하지 않아요.

팁 **臭い**라고 쓰고 **くさい**라고 읽으면 '냄새가 나다'라는 형용사가 되지만 **におい**라고 읽으면 '냄새'라는 명사가 됩니다. **臭い**는 내가 불쾌하다고 느끼는 냄새에 대해 사용하는 경우가 많습니다.

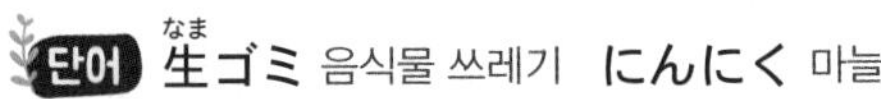

香り(かお)

향, 향기

花屋(はなや)さんに行(い)くと花(はな)のいい香(かお)りがします。

꽃집에 가면 꽃의 좋은 향기가 나요.

このタイ料理(りょうり)はスパイスの香(かお)りが効(き)いていておいしいですね。

이 태국 요리는 향신료 향이 나서 맛있네요.

팁 **香り**는 주로 기분이 좋아지는 향에 대해 사용합니다. 특히 향수 등의 화장품이나 꽃 향기 그리고 향신료의 향을 가리킵니다.

팁 **香り**는 구어체보다는 문어체로 많이 사용되며 일상 회화에서 말할 때는 **香り** 대신에 **匂い**를 사용하기도 합니다.

단어 **花屋(はなや)さん** 꽃가게, 꽃집 **タイ** 태국 **スパイス** 향신료
効(き)く 효과가 있다, 기능을 발휘하다

부엌에서 생선을 굽는 냄새가 나요.

○ 台所(だいどころ)から魚(さかな)を焼(や)く**匂(にお)い**がします。

△ 台所(だいどころ)から魚(さかな)を焼(や)く**臭(にお)い**がします。

△ 台所(だいどころ)から魚(さかな)を焼(や)く**香(かお)り**がします。

생선을 굽는 냄새를 말할 때 보통 匂い를 사용합니다. 만약 생선을 굽는 냄새를 좋아하지 않는다면 臭い를 써서 표현할 수도 있지만, 臭い는 보통 생선을 구울 때보다는 날생선에서 비린내가 난다고 느낄 때 사용하는 편입니다. 여기서 香り를 쓰면 고소하고 기분이 좋아지는 향을 말하는 뉘앙스가 되지만 많이 사용되지는 않습니다.

저는 라벤더 향을 좋아해요.

○ わたしはラベンダーの**匂(にお)い**が好(す)きです。

× わたしはラベンダーの**臭(にお)い**が好(す)きです。

○ わたしはラベンダーの**香(かお)り**が好(す)きです。

향기를 나타낼 때는 匂い와 香り 둘 다 사용할 수 있습니다. 匂い는 문어체와 구어체에 상관없이 사용할 수 있지만 香り는 문어체에서 많이 사용되는 경향이 있어서 대화에서는 香り 대신 匂い를 주로 사용합니다.

단어 台所(だいどころ) 부엌　焼(や)く 굽다　ラベンダー 라벤더

のど

인후, 목구멍

のどに魚(さかな)の骨(ほね)が引(ひ)っかかったみたいです。

목에 생선 가시가 걸린 것 같아요.

風邪(かぜ)をひいてのどが痛(いた)いです。

감기에 걸려서 목이 아파요.

팁 のど는 편도선과 식도 등의 목 내부를 가리키는 말입니다.

단어 魚(さかな)の骨(ほね) 생선 뼈, 생선 가시　引(ひ)っかかる 걸리다　風邪(かぜ)をひく 감기에 걸리다

くび

목덜미, 고개

最近(さいきん)パソコンでの仕事(しごと)が多(おお)くて、くびが凝(こ)ってしまいました。

요즘 컴퓨터 작업이 많아서 목이 뻐근해졌어요.

わたしの話(はなし)を聞(き)いて母(はは)はくびをかしげました。

제 이야기를 듣고 어머니는 고개를 갸웃거렸습니다.

팁 くびになる라고 하면 '해고당하다' 라는 뜻의 관용표현이 됩니다.

단어 凝(こ)る 뻐근하다, 결리다 くびをかしげる 고개를 갸웃거리다, 미심쩍어하다

비교

목이 부어있네요.

O のどが腫(は)れていますね。

X くびが腫(は)れていますね。

감기에 걸려서 편도선이 붓거나 목 안쪽이 아플 때는 のど를 사용합니다.

오랫동안 같은 자세로 앉아 있어서 어깨와 목이 아파요.

X 長(なが)い間(あいだ)同(おな)じ姿勢(しせい)で座(すわ)っていたので、肩(かた)とのどが痛(いた)いです。

O 長(なが)い間(あいだ)同(おな)じ姿勢(しせい)で座(すわ)っていたので、肩(かた)とくびが痛(いた)いです。

목이 뻐근하다와 같이 목덜미를 가리킬 때는 くび를 사용합니다.

단어 腫(は)れる 붓다, 부풀어오르다　姿勢(しせい) 자세　肩(かた) 어깨

나의 질문에 남자친구는 고개를 끄덕였어요.

✕ わたしの質問(しつもん)に彼氏(かれし)はのどを縦(たて)にふりました。

○ わたしの質問(しつもん)に彼氏(かれし)はくびを縦(たて)にふりました。

'고개를 끄덕이다'는 くびを縦(たて)にふる라고 합니다. 참고로 '고개를 젓다'는 くびを横(よこ)にふる라고 합니다.

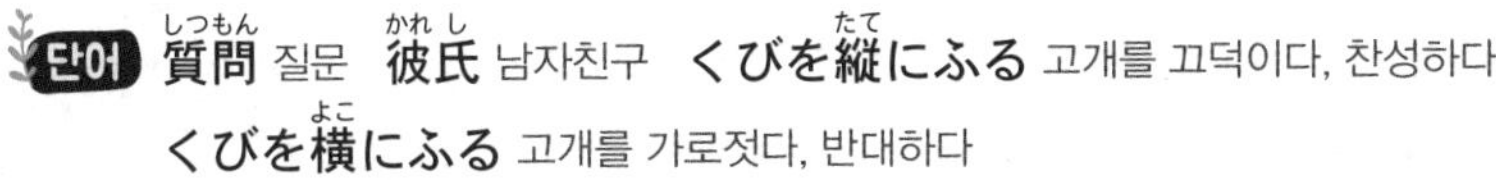
단어 質問(しつもん) 질문 彼氏(かれし) 남자친구 くびを縦(たて)にふる 고개를 끄덕이다, 찬성하다
くびを横(よこ)にふる 고개를 가로젓다, 반대하다

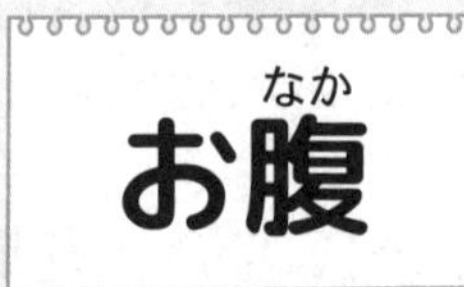

복부를 가리키는 말

朝(あさ)から何(なに)も食(た)べていなくてお腹(なか)がすいてしまいました。

아침부터 아무것도 먹지 않아서 배가 고파졌어요.

冷(つめ)たいものを食(た)べたからか、お腹(なか)が痛(いた)いです。

차가운 것을 먹어서인지 배가 아파요.

팁 **腹**에 비해 정중한 뉘앙스가 있으며 일상 회화에서 많이 쓰이는 단어입니다.

팁 글을 쓸 때나 공적인 자리에서는 **お腹がすく**는 **空腹(くうふく)だ**, **お腹が痛い**는 **腹痛(ふくつう)がする** 등 한자어를 사용하는 경우가 많습니다.

단어 空腹(くうふく) 공복 腹痛(ふくつう) 복통

はら
腹

복부를 가리키는 말

一生懸命練習したから腹が減ったな。
(いっしょうけんめい れんしゅう … はら … へ)

열심히 연습했더니 배가 고프네.

わたしのミスでもないのに怒られてすごく腹が立ちました。
(おこ … はら … た)

제 실수도 아닌데 혼나서 매우 화가 났어요.

팁 일상 회화에서 남성이 주로 사용하는 말로 **お腹**보다 다소 거친 느낌을 줍니다.

팁 **腹**는 **腹が立つ**(화가 나다)와 같이 관용표현으로도 많이 사용되는데 이때는 남녀 관계없이 사용할 수 있습니다.

단어 練習(れんしゅう) 연습　腹が減る(はら へ) 배가 고프다　ミス 실수, 잘못　腹が立つ(はら た) 화가 나다

비교

배가 차가워지지 않게 아이에게 이불을 덮어줬어요.

○ お腹(なか)が冷(ひ)えないように子(こ)どもに布団(ふとん)をかけてあげました。

○ 腹(はら)が冷(ひ)えないように子(こ)どもに布団(ふとん)をかけてあげました。

배를 가리키는 말로는 おなか와 はら 둘 다 사용할 수 있지만 はら는 주로 남성들이 쓰는 말투입니다.

어제부터 배가 아파요.

○ 昨日(きのう)からお腹(なか)が痛(いた)いんです。

× 昨日(きのう)から腹(はら)が痛(いた)いんです。

はら는 정중한 말은 아니니 의사 선생님에게 복통 증상을 말할 때는 おなか를 사용하는 것이 좋습니다.

단어 冷(ひ)える 차가워지다 布団(ふとん)をかける 이불을 덮다

나에게는 마음을 터놓고 말할 수 있는 친구가 있습니다.

✕ わたしにはお腹(なか)を割(わ)って話(はな)せる友(とも)だちがいます。

○ わたしには腹(はら)を割(わ)って話(はな)せる友(とも)だちがいます。

일본어에는 はら를 사용한 관용표현이 몇 가지 있습니다. 腹を割る도 그 중의 하나인데, 이처럼 관용표현에 사용되는 はら는 거의 대부분 おなか로 바꿔 쓸 수 없습니다.

단어 腹(はら)を割(わ)る 마음을 터놓고 말하다, 속내를 털어놓다

PART 2

의미가 비슷한 일본어 동사들

·음성 듣기·

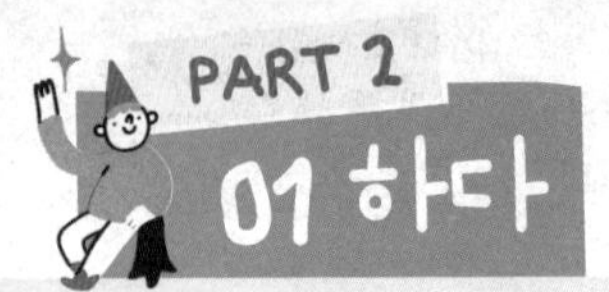

する

의식적 또는 무의식적으로 어떤 행동을 함

5時(ごじ)になったら取引先(とりひきさき)に電話(でんわ)をするつもりです。

5시가 되면 거래처에 전화를 할 생각이에요.

授業中(じゅぎょうちゅう)に何度(なんど)もあくびをしてしまいました。

수업 중에 몇 번이나 하품을 해버렸어요.

母(はは)は昨日(きのう)からずっと咳(せき)をしています。

엄마는 어제부터 계속 기침을 해요.

단어 取引先(とりひきさき) 거래처　つもり 속셈, 생각, 의도　授業中(じゅぎょうちゅう) 수업 중　何度(なんど)も 몇 번이나, 여러 번　あくび 하품　咳(せき) 기침

やる

❶ 의도적으로 어떤 행동을 함
❷ 술을 마시거나 담배를 피우는 것
❸ 가게가 문을 연 상태임을 나타내는 말

その仕事(しごと)、わたしがやります！

그 일 제가 하겠습니다!

今日(きょう)居酒屋(いざかや)で一杯(いっぱい)やりませんか？

오늘 선술집에서 한잔 하지 않을래요?

あのお店(みせ)は今日(きょう)やっていますか？

그 가게는 오늘 열었어요?

> 팁 **やる**는 **する**에 비해 어떤 동작을 하는 사람의 의도나 의지가 강하다는 뉘앙스가 있습니다. 또한 **やる**는 술이나 담배에 관해 쓰이기도 하는데 주로 남성이 많이 사용합니다. **やる**는 가벼운 말투이기도 하고 격식을 갖춘 말은 아니므로 공적인 자리에서는 사용하지 않습니다.

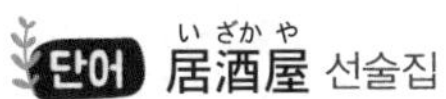

단어 居酒屋(いざかや) 선술집

여행 준비는 내가 할게!

O 旅行(りょこう)の準備(じゅんび)はわたしがするね！

O 旅行(りょこう)の準備(じゅんび)はわたしがやるね！

본인이 준비하겠다고 할 때는 する와 やる 둘 다 사용할 수 있지만 やる가 좀 더 적극적으로 하겠다는 뉘앙스가 있습니다.

아침부터 현기증이 나요.

O 朝(あさ)からめまいがします。

X 朝(あさ)からめまいがやります。

현기증과 같이 나의 의도와 상관없이 나타나는 증상이나 현상에는 する를 사용합니다.

단어 めまい 현기증, 어지럼증

설날에도 운영하는 식당은 어디예요?

❌ お正月(しょうがつ)にもしている食堂(しょくどう)はどこですか？

⭕ お正月(しょうがつ)にもやっている食堂(しょくどう)はどこですか？

가게가 문을 열었다는 뜻으로 표현할 때는 やる를 사용합니다. 이때 やっている(やってる)라고 진행형으로 말합니다.

단어 正月(しょうがつ) 정월, 설날 食堂(しょくどう) 식당

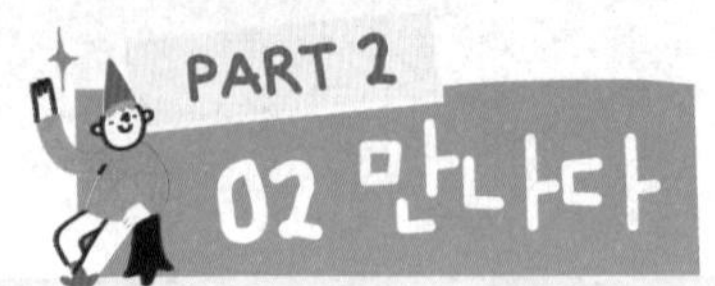

会(あ)う

사람과 사람이 만나는 것

加藤(かとう)さんと明日(あした)午後(ごご)2時(にじ)に会(あ)うことにしました。

가토 씨와 내일 오후 2시에 만나기로 했어요.

また今度(こんど)会(あ)える日(ひ)を楽(たの)しみにしています。

다음에 또 만나게 될 날을 기대하겠습니다.

> 팁 특히 미리 약속을 잡고 만나는 경우에 会う를 많이 사용합니다.

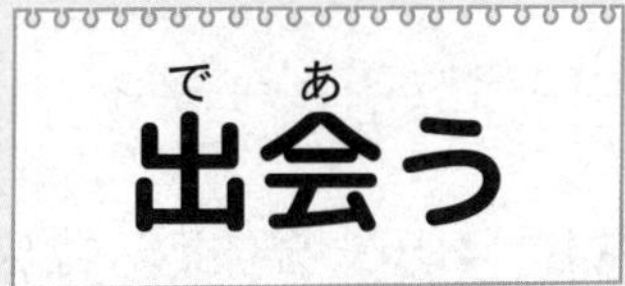

出会(であ)う

사람이나 어떤 것과 우연히 만나는 것

わたしと主人(しゅじん)は同窓会(どうそうかい)でばったり出会(であ)いました。

저와 남편은 동창회에서 우연히 딱 만났어요.

企業説明会(きぎょうせつめいかい)に行(い)ってわたしに合(あ)う会社(かいしゃ)に出会(であ)いました。

기업설명회에 가서 저에게 맞는 회사를 만났어요.

팁 **出会う**는 주로 나에게 있어 중요한 사람이나 중요한 것 또는 가치가 있는 것에 우연히 만난다는 뉘앙스가 있습니다.

단어 **同窓会(どうそうかい)** 동창회 **ばったり** 뜻밖에 마주치는 모양, 딱 **企業説明会(きぎょうせつめいかい)** 기업설명회

비교

주말에는 친구를 만나서 연극을 보러 갔어요.

(O) 週末(しゅうまつ)は友(とも)だちに会(あ)って演劇(えんげき)を見(み)に行(い)きました。

(X) 週末(しゅうまつ)は友(とも)だちに出会(であ)って演劇(えんげき)を見(み)に行(い)きました。

친구와 약속을 잡고 만나는 것을 표현할 때는 会う를 사용합니다.

여행지에서 연예인을 만났어요.

(O) 旅行先(りょこうさき)で芸能人(げいのうじん)に会(あ)いました。

(O) 旅行先(りょこうさき)で芸能人(げいのうじん)に出会(であ)いました。

이 예문에서는 会う와 出会う 둘 다 사용이 가능하지만 出会う라고 하면 우연히 만났다는 뉘앙스가 더 잘 전달됩니다.

단어 週末(しゅうまつ) 주말 演劇(えんげき) 연극 旅行先(りょこうさき) 여행지 芸能人(げいのうじん) 연예인

이렇게 편리한 청소기, 더 일찍 만나고 싶었어!

✕ こんなに便利(べんり)な掃除機(そうじき)、もっと早(はや)く会(あ)いたかった！

○ こんなに便利(べんり)な掃除機(そうじき)、もっと早(はや)く出会(であ)いたかった！

어떤 물건을 우연히 접한다는 뜻으로 말할 때는 出会う를 사용합니다. 이때 그것이 나에게 가치가 있거나 매우 좋은 것이라는 뉘앙스를 전달할 수 있습니다.

단어 掃除機(そうじき) 청소기

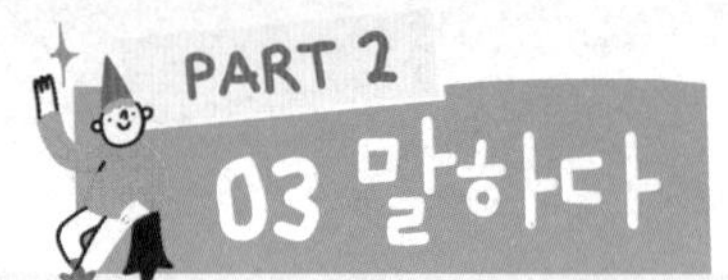

言う

❶ 말하는 것
❷ 일방적으로 말을 내뱉는 것
❸ 어떤 소리가 나는 것

自分の考えはきちんと言うのがいいと思います。

자신의 생각은 정확히 말하는 것이 좋다고 생각해요.

妹は「学校に行きたくない」とぼそっと言いました。

여동생은 "학교에 가고 싶지 않아"라고 나직이 말했어요.

朝から何も食べていなくてお腹がグーグー言っています。

아침부터 아무것도 먹지 않아서 배에서 꼬르륵 소리가 나요.

> 팁 言う는 폭넓게 사용되는 말입니다. 긴 내용을 말할 때도 사용할 수 있고, 짧게 한 두 마디 말할 때도 사용할 수 있습니다. 또 잠꼬대나 혼잣말처럼 전달이나 소통이 목적이 아닌 일방적으로 내뱉는 말에도 쓰입니다.

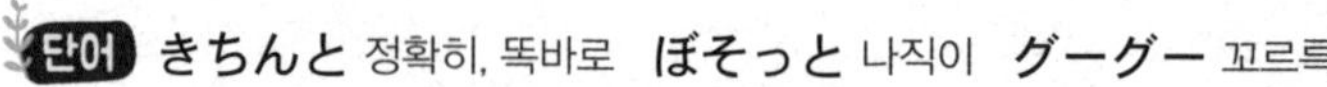
단어 きちんと 정확히, 똑바로　ぼそっと 나직이　グーグー 꼬르륵

話(はな)す

어느 정도 긴 이야기를 하는 것

あとで話(はな)したいことがあるんだけど、時間(じかん)あるかな？

이따가 하고 싶은 말이 있는데 시간 있어?

今日(きょう)は会社(かいしゃ)の運営(うんえい)についてみんなで話(はな)し合(あ)いましょう。

오늘은 회사의 운영에 관해 다 같이 이야기합시다.

> 팁 **話す**는 글을 쓸 때와 말할 때 둘 다 사용됩니다. 어떤 주제에 대해 이야기할 때는 **話し合う**(서로 이야기하다)라고도 합니다.

運営(うんえい) 운영

語(かた)る

❶ 어떤 사정이나 사연 또는 경과를 설명하는 것
❷ 어떤 내용을 마음을 담아 전달하는 것

映画監督(えいがかんとく)がインタビューで映画(えいが)の制作意図(せいさくいと)に関(かん)して語(かた)りました。

영화감독이 인터뷰에서 영화 제작 의도에 관해 이야기했습니다.

大学(だいがく)の先輩(せんぱい)が面接(めんせつ)の経験(けいけん)を語(かた)ってくれました。

대학 선배가 면접 경험을 이야기해 주었어요.

> 팁 **語る**는 다소 딱딱한 뉘앙스가 있어 일상 회화에서는 **語る** 대신에 **話す**를 사용하는 경향이 있습니다.

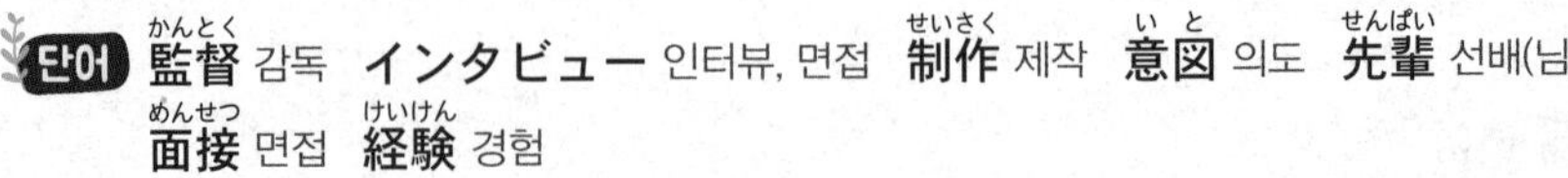

しゃべる

수다를 떠는 것

同窓会(どうそうかい)で久(ひさ)しぶりに会(あ)った友(とも)だちとずっとしゃべり続(つづ)けました。

동창회에서 오랜만에 만난 친구랑 계속 수다를 떨었어요.

毎週(まいしゅう)土曜日(どようび)、交換留学生(こうかんりゅうがくせい)といろいろなテーマでおしゃべりします。

매주 토요일 교환학생과 여러 가지 주제로 수다를 떨어요.

팁 **しゃべる**는 **話す**보다 가벼운 뉘앙스가 있어 주로 일상 회화에서 많이 쓰입니다. 또 앞에 **お**를 붙여 **おしゃべりする**라고도 합니다. **おしゃべる**라고는 하지 않으니 유의하세요.

단어 同窓会(どうそうかい) 동창회　久(ひさ)しぶりに 오랜만에　交換(こうかん) 교환　テーマ 주제

비교

인사 정도라면 일본어로 말할 수 있어요.

○ 挨拶(あいさつ)くらいなら日本語(にほんご)で言(い)えます。

× 挨拶(あいさつ)くらいなら日本語(にほんご)で話(はな)せます。

× 挨拶(あいさつ)くらいなら日本語(にほんご)で語(かた)れます。

× 挨拶(あいさつ)くらいなら日本語(にほんご)でしゃべれます。

인사말이나 한 두 마디의 짧은 문장을 말할 때는 言う를 사용합니다. 話す, 語る, しゃべる는 어느 정도 긴 내용을 말할 때 사용합니다.

유학의 좋은 점에 대해 이야기해봅시다.

△ 留学(りゅうがく)の良(よ)さについて言(い)ってみましょう

○ 留学(りゅうがく)の良(よ)さについて話(はな)してみましょう。

× 留学(りゅうがく)の良(よ)さについて語(かた)ってみましょう。

× 留学(りゅうがく)の良(よ)さについてしゃべってみましょう。

어떤 주제에 대해서 여러 사람이 이야기한다고 표현할 때는 보통 話す를 사용합니다. 語る는 주관적인 생각을 토대로 사정이나 사연을 말한다는 뉘앙스가 있고, しゃべる는 잡담을 한다는 뜻이 됩니다.

단어 挨拶(あいさつ) 인사　留学(りゅうがく) 유학　良(よ)さ 좋은 점

친구와 카페에서 5시간이나 수다를 떨었어요.

✕ 友(とも)だちとカフェで５時間(ごじかん)も言(い)いました。

○ 友(とも)だちとカフェで５時間(ごじかん)も話(はな)しました。

△ 友(とも)だちとカフェで5時間(ごじかん)も語(かた)りました。

○ 友(とも)だちとカフェで５時間(ごじかん)もしゃべりました。

'수다를 떤다'고 표현할 때 話す를 사용해도 좋지만 보통은 しゃべる를 사용합니다. 다만 しゃべる는 일상 회화에서 쓰이는 단어이고 공적인 자리에서는 사용하지 않는 편이 좋습니다. 語る는 잡담을 한다기보다는 나의 경험담이나 사연 등을 상대방에게 말한다는 뉘앙스가 있습니다.

그는 자신의 경험을 이야기했습니다.

✕ 彼(かれ)は自分(じぶん)の経験(けいけん)を言(い)いました。

○ 彼(かれ)は自分(じぶん)の経験(けいけん)を話(はな)しました。

○ 彼(かれ)は自分(じぶん)の経験(けいけん)を語(かた)りました。

✕ 彼(かれ)は自分(じぶん)の経験(けいけん)をしゃべりました。

자신의 경험을 말한다고 할 때 話す와 語る를 사용할 수 있습니다. 語る를 사용하면 듣는 이들에게 마음을 담아 본인의 경험을 들려주려는 뉘앙스가 더 잘 전달됩니다.

단어 カフェ 카페　経験(けいけん) 경험

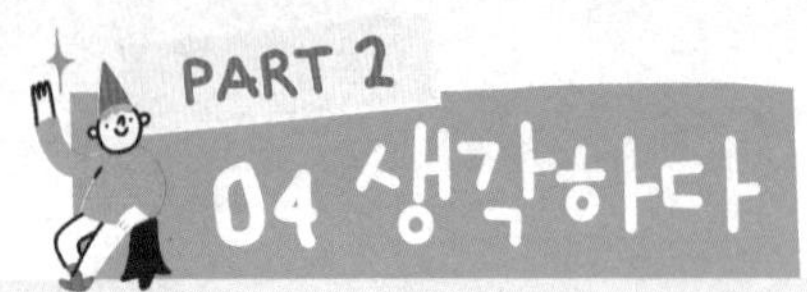

考える(かんが)

어떠한 것을 논리적 또는 객관적으로 분석해서 판단하는 것

大学生(だいがくせい)になって具体的(ぐたいてき)に将来(しょうらい)のことを考(かんが)えるようになりました。

대학생이 되어서 구체적으로 장래의 일을 생각하게 되었어요.

わたしの長所(ちょうしょ)は何事(なにごと)も一生懸命(いっしょうけんめい)にすることだと考(かんが)えます。

저의 장점은 어떤 일이든 열심히 하는 것이라고 생각합니다.

팁 **考える**는 논문이나 면접, 회의 등에서 자신의 의견을 나타낼 때 많이 사용합니다.

단어 **具体的**(ぐたいてき) 구체적임 **将来**(しょうらい) 장래, 미래 **長所**(ちょうしょ) 장점 **何事**(なにごと) 무슨 일, 어떤 일

思う(おも)

❶ 주관적인 생각이나 감정을 표현하는 것
❷ 개인적인 추측을 표현하는 것

この小説(しょうせつ)はとても感動的(かんどうてき)な内容(ないよう)だと思(おも)いました。

이 소설은 매우 감동적인 내용이라고 생각했어요.

今日(きょう)は傘(かさ)を持(も)って出(で)かけた方(ほう)がいいんじゃないかと思(おも)います。

오늘은 우산을 들고 나가는 게 좋지 않을까 싶어요.

팁 **思う**는 머리로 생각하는 것보다 마음으로 느끼는 것을 말할 때 자주 사용합니다. 또 **考える**는 다소 딱딱한 뉘앙스가 있어 일상 회화에서는 **思う**를 더 많이 사용합니다.

단어 小説(しょうせつ) 소설 感動的(かんどうてき) 감동적임 内容(ないよう) 내용

현재의 시스템을 개선해야 한다고 본다.

○ 現在(げんざい)のシステムを改善(かいぜん)するべきだと考(かんが)える。

△ 現在(げんざい)のシステムを改善(かいぜん)するべきだと思(おも)う。

글을 쓸 때, 특히 논문이나 보고서 등 논리적인 의견이나 판단이 요구되는 상황에서는 考える를 사용하는 것이 좋습니다.

주말에는 토요일이라면 만날 수 있을 것 같아.

× 週末(しゅうまつ)は土曜日(どようび)なら会(あ)えると考(かんが)えるよ。

○ 週末(しゅうまつ)は土曜日(どようび)なら会(あ)えると思(おも)うよ。

일상 회화에서 주관적인 생각이나 추측을 말할 때는 思う를 사용합니다.

단어 現在(げんざい) 현재　システム 시스템, 체계　改善(かいぜん) 개선　～べき ～해야 함
週末(しゅうまつ) 주말

매상을 올리기 위해서는 마케팅에 중점을 두어야 한다고 생각합니다.

売上(うりあげ)を上(あ)げるためには、マーケティングに重点(じゅうてん)をおくべきだと考(かんが)えます。

売上(うりあげ)を上(あ)げるためには、マーケティングに重点(じゅうてん)をおくべきだと思(おも)います。

자신의 생각을 표현할 때는 考える와 思う 둘 다 사용이 가능하지만 考える는 객관적인 의견이라는 뉘앙스가 있고, 思う는 주관적인 의견이라는 뉘앙스가 있습니다.

단어 売上(うりあげ) 매상 マーケティング 마케팅 重点(じゅうてん)をおく 중점을 두다, 중요시하다
～べき ～해야 함

見る(み)

어떤 대상을 시각적으로 파악하는 것

わたしはいつも毎週月曜日(まいしゅうげつようび)の夜(よる)9時(くじ)からドラマを見(み)ます。

저는 항상 매주 월요일 밤 9시부터 드라마를 봐요.

昨日(きのう)は好(す)きな芸能人(げいのうじん)が出(で)てくる夢(ゆめ)を見(み)ました。

어제는 좋아하는 연예인이 나오는 꿈을 꿨어요.

> 팁 의도적으로 무언가를 볼 때나 의도치 않게 무언가가 눈에 들어오는 경우에 모두 사용할 수 있습니다.

단어 芸能人(げいのうじん) 연예인 出(で)てくる 나오다

目(め)にする

어떤 대상을 시각적으로 파악하는 것

小学校(しょうがっこう)の近(ちか)くに引(ひ)っ越(こ)しをして、子(こ)どもたちの姿(すがた)をよく目(め)にするようになりました。

초등학교 근처로 이사를 와서 아이들의 모습을 자주 보게 되었어요.

ニュースをつけると残酷(ざんこく)な事件(じけん)をたくさん目(め)にします。

뉴스를 켜면 잔혹한 사건을 많이 보게 돼요.

팁 **見る**와 뜻은 같지만, **目にする**는 특히 우연히 보는 것을 말합니다. 이때 우연히 좋은 것을 보게 되었음을 표현할 수도 있지만, 주로 별로 보고 싶지 않은 것 또는 관심이 없는 것을 보게 되었다고 말할 때 자주 사용합니다.

단어 引(ひ)っ越(こ)し 이사 姿(すがた) 모습, 자태 つける 켜다 残酷(ざんこく) 잔혹함 事件(じけん) 사건

眺(なが)める

❶ 막연하게 전체를 바라보는 것
❷ 어떤 대상의 일부분을 응시하는 것

冷(つめ)たい空気(くうき)を吸(す)いながら夜空(よぞら)を眺(なが)めました。

찬 공기를 들이마시면서 밤하늘을 바라봤어요.

海(うみ)をじっと眺(なが)めていると、気持(きも)ちが落(お)ち着(つ)いてきます。

바다를 가만히 바라보고 있으면 마음이 차분해져요.

팁 **眺める**는 어떤 대상을 보고 있긴 하지만 다른 생각을 하고 있거나 멍하게 바라보는 상태라는 뉘앙스가 있습니다.

단어 **空気(くうき)を吸(す)う** 공기를 들이마시다 **夜空(よぞら)** 밤하늘 **じっと** 가만히, 지그시
落(お)ち着(つ)く 가라앉다, 차분해지다

사장님과 과장님이 말다툼하는 걸 우연히 봤어요.

△ 社長(しゃちょう)と課長(かちょう)が言(い)い合(あ)っているのを見(み)ました。

○ 社長(しゃちょう)と課長(かちょう)が言(い)い合(あ)っているのを目(め)にしました。

× 社長(しゃちょう)と課長(かちょう)が言(い)い合(あ)っているのを眺(なが)めました。

어떤 상황을 우연히 보게 되는 것을 말할 때는 目にする를 사용합니다. 見る는 단순히 보는 것을 의미합니다.

이 집은 베란다에서 산을 바라볼 수 있습니다.

○ この家(いえ)はベランダから山(やま)を見(み)ることができます。

× この家(いえ)はベランダから山(やま)を目(め)にすることができます。

○ この家(いえ)はベランダから山(やま)を眺(なが)めることができます。

산을 보는 것을 말할 때는 見る도 사용할 수 있지만, 어떤 풍경을 바라본다고 표현할 때는 주로 眺める를 사용합니다.

단어 言(い)い合(あ)う 말다툼하다　ベランダ 베란다

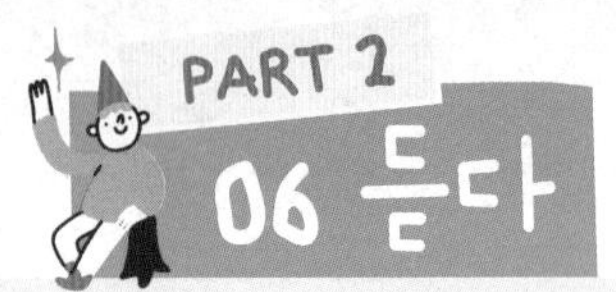

PART 2 06 듣다

❶ 누군가의 이야기나 어떤 소리를 들으려고 하는 것
❷ 질문하는 것

わたしは友(とも)だちの話(はなし)をただ聞(き)いていました。

나는 친구의 이야기를 그저 듣고 있었어요.

電話番号(でんわばんごう)聞(き)いてもいいですか？

전화번호 물어봐도 되나요?

단어 ただ 그저, 단지　電話番号(でんわばんごう) 전화번호

耳(みみ)にする

❶ 우연히 어떤 이야기나 소리가 들려오는 것
❷ 한 번쯤은 들어본 적이 있는 것

同(おな)じ部署(ぶしょ)の山田(やまだ)さんと木田(きだ)さんが結婚(けっこん)すると耳(みみ)にしました。

같은 부서인 야마다 씨랑 기다 씨가 결혼한다고 들었어요.

最近(さいきん)会社(かいしゃ)の経営(けいえい)状況(じょうきょう)がよくないと耳(みみ)にするので心配(しんぱい)です。

요즘 회사의 경영 상황이 좋지 않다고 들어서 걱정이에요.

環境(かんきょう)汚染(おせん)が深刻(しんこく)だという話(はなし)は、耳(みみ)にしたことがあるでしょう。

환경오염이 심각하다는 이야기는 들어보셨을 겁니다.

단어 部署(ぶしょ) 부서 結婚(けっこん) 결혼 経営(けいえい) 경영 状況(じょうきょう) 상황 環境汚染(かんきょうおせん) 환경오염 深刻(しんこく) 심각함

耳(みみ)をすます

누군가의 이야기나 어떤 소리를 집중해서 들으려고 하는 것

演奏会(えんそうかい)でみなピアノの繊細(せんさい)な音(おと)に耳(みみ)をすましていました。

연주회에서 모두 피아노의 섬세한 소리에 귀를 기울이고 있었어요.

隣(となり)の部屋(へや)で親(おや)がどんな話(はなし)をしているのか知(し)りたくて耳(みみ)をすましていました。

옆방에서 부모님이 어떤 이야기를 하고 있는지 알고 싶어서 귀를 기울이고 있었어요.

팁 **耳をすます**는 그 소리를 듣기 위해 귀를 기울여 집중한다는 뉘앙스가 있습니다. 앞에 조사를 쓸 경우 に를 사용해서 ～に耳をすます라고 합니다.

단어 演奏会(えんそうかい) 연주회 みな 모두, 전원 繊細(せんさい) 섬세함 音(おと) 소리, 음

이 이야기는 여러분도 한 번쯤은 들어봤을 거예요.

O この話はみなさんも一度は聞いたことがあると思います。

O この話はみなさんも一度は耳にしたことがあると思います。

X この話はみなさんも一度は耳をすましたことがあると思います。

어떤 이야기를 들어봤다는 것을 표현할 때는 聞く와 耳にする를 사용할 수 있습니다. 耳にする를 사용하면 '한 번쯤 또는 여러 번 들어봤다'라는 뉘앙스를 강조할 수 있습니다.

가만히 귀를 기울이면 벌레의 울음소리가 들려요.

X じっと聞くと虫の鳴き声が聞こえます。

X じっと耳にすると虫の鳴き声が聞こえます。

O じっと耳をすますと虫の鳴き声が聞こえます。

어떤 소리를 들으려고 집중한다고 할 때는 耳をすます를 사용합니다.

단어 じっと 가만히, 지그시　鳴き声 (동물·곤충의) 울음소리　聞こえる 들리다

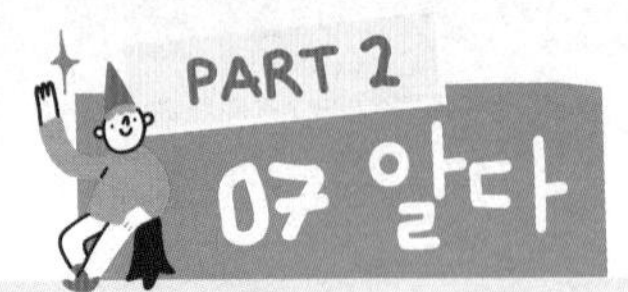

分かる（わ）

❶ 어떤 것을 다루는 방법이나 의미 또는 가치를 깊이 이해하는 것
❷ 명확하지 못한 것이 명확해지는 것
❸ 상대방의 사정을 이해하고 동정하는 것

この機械（きかい）の使（つか）い方（かた）が分（わ）かりますか？

이 기계의 사용법을 알고 있습니까?

証拠（しょうこ）が見（み）つかって事件（じけん）の真相（しんそう）がはっきり分（わ）かりました。

증거가 발견되어 사건의 진상을 확실히 알았습니다.

あなたの気持（きも）ちはよく分（わ）かるよ。

당신의 마음은 잘 알겠어요.

팁 分かる는 조사 が를 써서 ~が分かる라고 표현합니다.

단어 機械（きかい） 기계 使（つか）い方（かた） 사용법 証拠（しょうこ） 증거 見（み）つかる 발견되다 事件（じけん） 사건 真相（しんそう） 진상

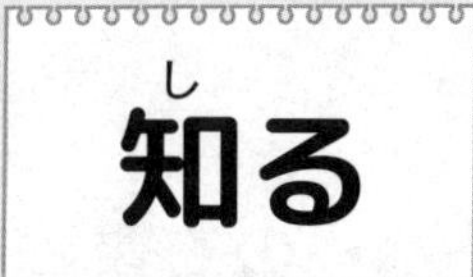

知(し)る

❶ 어떤 정보나 지식을 새롭게 얻는 것
❷ 어떤 사람과 면식이 있는 것

その歌(うた)を知(し)っています。

그 노래를 알고 있습니다.

あの俳優(はいゆう)が結婚(けっこん)したこと、知(し)っていますか？

그 배우가 결혼한 거 알고 있어요?

わたしはその人(ひと)を知(し)っています。

나는 그 사람을 알고 있습니다.

팁 **知る**는 조사 **を**를 써서 **～を知る**라고 표현합니다.

단어 俳優(はいゆう) 배우　結婚(けっこん) 결혼

비교

사용법을 모르니 가르쳐 주세요.

○ 使(つか)い方(かた)が分(わ)からないので教(おし)えてください。

○ 使(つか)い方(かた)を知(し)らないので教(おし)えてください。

知る는 아예 몰랐던 새로운 지식을 얻음을 나타내지만 分かる는 새로운 지식을 이해 또는 파악해서 그것을 내 것으로 만든다는 것을 나타냅니다. 첫 번째 문장은 설명서를 봤거나 설명을 들었지만 사용법은 이해하지 못했다는 뉘앙스가 있고, 두 번째 문장은 사용법을 전혀 모른다는 뜻이 됩니다.

설명을 들었지만 사용법을 모르겠다.

○ 説明(せつめい)を聞(き)いたが使(つか)い方(かた)が分(わ)からない。

× 説明(せつめい)を聞(き)いたが使(つか)い方(かた)を知(し)らない。

어떤 설명을 듣고 지식을 얻은 상태에서는 知らない는 쓸 수 없습니다.

단어 使(つか)い方(かた) 사용법

약속 장소를 확인할 때

映画館の前で７時ね？ 分かった。すぐ行く。

영화관 앞에서 7시지? 알았어. 바로 갈게.

７時に駅前のカフェだよね？うん、そこ知ってる。すぐ行く。

7시에 역 앞 카페지? 응, 거기 알아. 바로 갈게.

앞서 얘기한 바와 같이 知っている는 어떤 지식이나 정보를 접해 몰랐던 것을 알게 되었음을 나타내고, 分かった는 상대방의 이야기를 이해했음을 나타내므로, 상대방의 말에 '알겠습니다'라고 대답할 때는 일본어로는 分かった라고 해야 합니다.

단어 駅前 역 앞, 역 주변 カフェ 카페

学ぶ(まなぶ)

학문적인 지식이나 인생의 중요한 가르침 등을 배우는 것

わたしは独学(どくがく)でフランス語(ご)を学(まな)んでいます。

저는 독학으로 프랑스어를 배우고 있어요.

会社(かいしゃ)で一緒(いっしょ)に仕事(しごと)をしながら仲間(なかま)と協力(きょうりょく)することの大切(たいせつ)さを学(まな)びました。

회사에서 같이 일을 하면서 동료들과 협력하는 것의 중요성을 배웠어요.

팁 **学ぶ**는 누군가에게 배울 때나 독학으로 배울 때도 사용되지만 **経験から学ぶ**(경험을 통해서 배우다)라는 말과 같이 어떤 경험이나 과정, 또는 상황을 통해 스스로 깨달음을 얻을 때도 사용합니다.

단어 **独学(どくがく)** 독학 **フランス語(ご)** 프랑스어 **仲間(なかま)** 동료 **協力(きょうりょく)** 협력 **大切(たいせつ)さ** 중요성, 중요함

習(なら)う

어떤 지식이나 기술을 배우는 것

私(わたし)は5歳(ごさい)のときからバレエを習っています。

저는 5살 때부터 발레를 배우고 있어요.

先月(せんげつ)から英会話(えいかいわ)を習(なら)いたくて、英会話教室(えいかいわきょうしつ)に通(かよ)っています。

지난달부터 영어 회화를 배우고 싶어서 영어 회화 교실에 다니고 있어요.

> 팁 **習う**는 가르쳐주는 사람이나 모범이 되는 대상을 통해 배우는 것을 말할 때 또는 연습을 하면서 익히는 것을 말할 때 사용합니다.

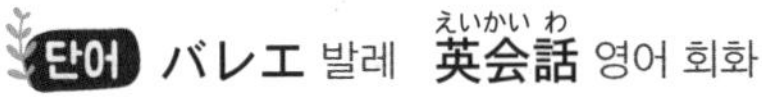

저는 대학교에서 경제학을 배웠어요.

O わたしは大学(だいがく)で経済学(けいざいがく)を**学(まな)びました**。

X わたしは大学(だいがく)で経済学(けいざいがく)を**習(なら)いました**。

학교에서 수업을 통해 학문적인 지식을 배우는 것을 표현할 때는 学ぶ를 사용합니다.

워킹 홀리데이를 통해서 일하는 어려움과 즐거움을 배웠습니다.

O ワーキングホリデーを通(とお)して仕事(しごと)をする大変(たいへん)さと楽(たの)しさを**学(まな)びました**。

X ワーキングホリデーを通(とお)して仕事(しごと)をする大変(たいへん)さと楽(たの)しさを**習(なら)いました**。

경험을 통해서 스스로 어떠한 깨달음을 얻는 것을 표현할 때는 学ぶ를 사용합니다.

단어 経済学(けいざいがく) 경제학　ワーキングホリデー 워킹 홀리데이
～を通(とお)して ～을/를 통해서　大変(たいへん)さ 어려움, 힘듦　楽(たの)しさ 즐거움

저는 아버지한테 유도를 배웠습니다.

✕ わたしは父(ちち)から柔道(じゅうどう)を学(まな)びました。

○ わたしは父(ちち)から柔道(じゅうどう)を習(なら)いました。

어떤 사람이나 모범이 되는 대상을 통해 기술을 배우고 연습을 하면서 익힌다는 것을 표현할 때는 習う를 사용합니다.

단어 柔道(じゅうどう) 유도

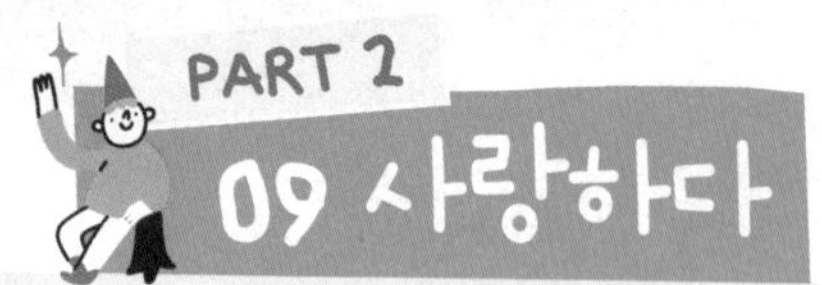

恋(こい)(を)する

어떤 상대에게 연애 감정을 가지는 것

恋(こい)するときれいになると言(い)われます。

사랑하면 예뻐진다고 해요.

わたしは誰(だれ)かに**恋(こい)をする**と周(まわ)りが見(み)えなくなるタイプです。

저는 누군가를 사랑하면 주변이 안 보이는 타입이에요.

> 팁 **恋(を)する**는 **愛する**에 비해 일시적으로 고조된 감정을 뜻합니다. 조사를 사용할 경우 ~に를 붙여서 **~に恋(を)する**라고 표현합니다.

단어 **誰(だれ)か** 누군가 **周(まわ)り** 주변, 주위 **タイプ** 타입, 유형

愛(あい)する

❶ 어떤 대상에게 애정을 가지는 것
❷ 상대방이나 무언가를 무척 아끼는 것

こどもを愛(あい)する親(おや)の姿(すがた)はとてもすてきです。

아이를 사랑하는 부모의 모습은 아주 멋있어요.

ここには動物(どうぶつ)を愛(あい)する人(ひと)たちが集(あつ)まっています。

여기에는 동물을 사랑하는 사람들이 모여 있어요.

音楽(おんがく)を愛(あい)する人(ひと)にとってこの曲(きょく)は名曲(めいきょく)です。

음악을 사랑하는 사람에게 이 곡은 명곡이에요.

팁 愛する는 恋(を)する보다 대상을 향한 마음이 더 깊은 감정임을 의미합니다. 조사를 사용할 경우 ～を를 붙여서 ～を愛する라고 표현합니다.

단어 親(おや) 부모 姿(すがた) 모습, 자태 ～にとって ～에게 있어서, ～에게 曲(きょく) 곡, 악곡 名曲(めいきょく) 명곡

비교

연하에게 빠지다니 나도 내가 놀라워.

O 年下に恋をするなんて自分でもびっくりだよ。

X 年下を愛するなんて自分でもびっくりだよ。

어떤 상대에게 연애 감정을 가진다는 것을 말할 때는 恋(を)する를 사용합니다.

사랑하는 가족이 있어서 저는 행복한 사람이에요.

X 恋する家族がいてわたしは幸せ者です。

O 愛する家族がいてわたしは幸せ者です。

어떤 대상에게 깊은 애정을 가지거나 그 대상을 소중히 아끼는 것을 말할 때는 愛する를 사용합니다.

단어 年下 연하 びっくり 깜짝 놀람 幸せ者 행운아, 행복한 사람

당신을 사랑합니다.

✕ あなたのことを恋(こい)しています。

○ あなたのことを愛(あい)しています。

상대방을 사랑한다고 표현할 때는 愛する를 진행형으로 바꿔서 愛している라고 합니다.

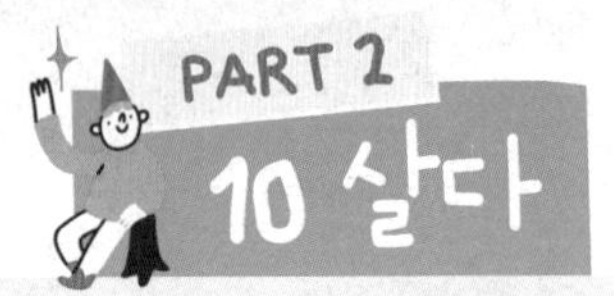

生(い)きる

사람이나 동물 등 생명체가 생존하는 것

うちの猫(ねこ)はもう15年(じゅうごねん)も生(い)きています。

우리 고양이는 벌써 15년이나 살고 있어요.

家族(かぞく)がみんな健康(けんこう)で幸(しあわ)せに生(い)きることがわたしの願(ねが)いです。

가족들이 모두 건강하고 행복하게 사는 것이 저의 바람이에요.

> 팁 **生きる**는 숨을 쉬고 먹고 자는 등 생명을 유지하는 활동을 말하는데 단순히 생명을 유지한다는 의미로 쓸 수도 있고 인생의 목적이나 목표를 가지고 살아가는 것을 말할 때도 쓸 수 있습니다.

단어 健康(けんこう) 건강함　幸(しあわ)せ 행복함　願(ねが)い 소원, 바람

暮(く)らす

어떤 곳에 거주하며 살림 또는 생활을 하는 것

わたしたちは夫婦(ふうふ)で店(みせ)を経営(けいえい)しながら暮(く)らしています。

우리는 부부 둘이서 가게를 경영하면서 살고 있어요.

わたしの父(ちち)は農作業(のうさぎょう)をしながら田舎(いなか)でのんびりと暮(く)らしています。

우리 아버지는 농사일을 하면서 시골에서 한가로이 살고 있어요.

팁 **暮らす**는 어떠한 곳에 살면서 살림이나 경제활동을 하는 것을 나타내는 말입니다. 조사를 사용할 경우 **で**를 사용해서 **~で暮らす**라고 합니다.

단어 夫婦(ふうふ) 부부 経営(けいえい) 경영 農作業(のうさぎょう) 농사일 のんびり(と) 유유히, 한가로이

어떤 곳에 머물러 사는 것

わたしの友(とも)だちは結婚(けっこん)してイギリスに住(す)んでいます。

제 친구는 결혼해 영국에 살고 있어요.

今年(ことし)の４月(しがつ)から大阪(おおさか)に住(す)むことになりました。

올해 4월부터 오사카에 살게 되었어요.

팁 **住む**는 어떤 곳에 거주한다는 의미에 초점이 있습니다. 조사를 사용할 경우 **に**를 사용해서 **~に住む**라고 합니다.

단어 **結婚(けっこん)** 결혼 **イギリス** 영국 **大阪(おおさか)** 오사카

앞으로는 나답게 살고 싶어요.

O これからはわたしらしく生(い)きていきたいです。

X これからはわたしらしく暮(く)らしていきたいです。

X これからはわたしらしく住(す)んでいきたいです。

인생의 목표를 가지고 살아간다는 것을 표현할 때는 生きる를 사용합니다.

저는 도쿄에서 일하며 살고 있어요.

X わたしは東京(とうきょう)で働(はたら)きながら生(い)きています。

O わたしは東京(とうきょう)で働(はたら)きながら暮(く)らしています。

X わたしは東京(とうきょう)で働(はたら)きながら住(す)んでいます。

어떤 곳에서 경제활동을 하면서 산다는 것을 표현할 때는 暮らす를 사용합니다.

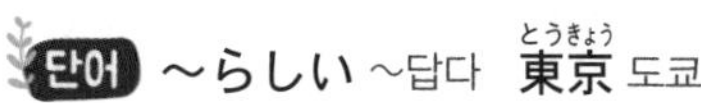
단어 ~らしい ~답다 東京(とうきょう) 도쿄

寝(ね)る

❶ 몸을 옆으로 눕혀서 쉬거나 잠을 자는 것
❷ 이불 등에 눕는 것
❸ 몸이 아파서 앓아 눕는 것

わたしは毎日(まいにち)10時(じゅうじ)半(はん)に寝(ね)ます。

저는 매일 10시 반에 자요.

寝(ね)ながらドラマを見(み)るのが一番(いちばん)の楽(たの)しみです。

누워서 드라마를 보는 것이 가장 즐거워요.

ひどい風邪(かぜ)をひいて一週間(いっしゅうかん)ずっと寝(ね)ていました。

심한 감기에 걸려서 1주일간 계속 누워 있었어요.

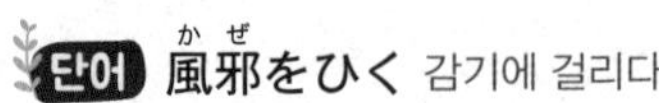
단어 風邪(かぜ)をひく 감기에 걸리다

眠る（ねむる）

❶ 눈을 감고 잠이 드는 것
❷ '죽음'을 비유적으로 가리키는 말
❸ 재능이나 능력 또는 자원 등이 충분히 발휘되지 않은 상태

本を読んでいる途中で眠ってしまいました。

책을 읽던 도중에 잠들어 버렸어요.

わたしの祖父は去年永遠の眠りにつきました。

우리 할아버지는 작년에 영면에 드셨습니다.

こどもには無限大の可能性が眠っています。

아이에게는 무한대의 가능성이 잠재되어 있어요.

단어 途中（とちゅう） 도중　永遠の眠りにつく（えいえんのねむりにつく） 영면에 들다, 사망하다　無限大（むげんだい） 무한대　可能性（かのうせい） 가능성

누워서 먹으면 소화가 잘 안 돼요.

○ 寝ながら食べたら消化に悪いですよ。

× 眠りながら食べたら消化に悪いですよ。

몸을 옆으로 눕힌 상태를 말할 때는 寝る를 사용합니다.

요즘 좀처럼 깊이 잘 수 없어요.

○ 最近なかなか深く寝ることができません。

○ 最近なかなか深く眠ることができません。

수면에 관한 이야기를 할 때는 보통 眠る를 많이 사용하지만 일상 회화에서는 眠る 대신에 寝る를 사용하기도 합니다.

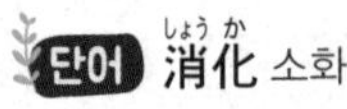

消化(しょうか) 소화

누구나 잠재된 재능이 있다고 합니다.

✕ 誰(だれ)でも寝(ね)ている才能(さいのう)があると言(い)われています。

○ 誰(だれ)でも眠(ねむ)っている才能(さいのう)があると言(い)われています。

본인이 가지고 있는 재능이나 능력을 아직 모르거나 발휘하지 못했을 때 眠る를 사용해서 才能が眠っている 또는 眠っている才能라고 표현합니다.

단어 才能(さいのう) 재능

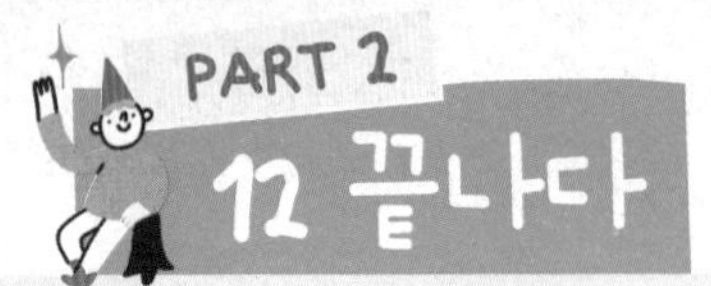

終(お)わる

무언가가 끝나는 것

やっと課題(かだい)が終(お)わりました。

겨우 과제가 끝났어요.

夏休(なつやす)みがあっという間(ま)に終(お)わってしまいました。

여름 방학이 눈 깜짝할 사이에 끝나버렸어요.

学校生活(がっこうせいかつ)が終(お)わり、いよいよ社会人(しゃかいじん)になります。

학교생활이 끝나 드디어 직장인이 돼요.

> 팁 **終わる**는 의도적으로 끝내려고 해서 무언가가 끝난다는 것을 말할 때도 사용하고, 일정한 시간이 지나 저절로 끝난다는 것을 말할 때도 사용합니다.

단어 **やっと** 겨우, 간신히 **課題(かだい)** 과제 **あっという間(ま)** 눈 깜짝할 사이 **いよいよ** 드디어 **社会人(しゃかいじん)** 직장인, 사회인

済む(す)

❶ 행동이나 동작이 끝나는 것
❷ 그것으로 충분한 것, 해결이 되는 것

この仕事(しごと)が済(す)んだら昼食(ちゅうしょく)にしましょう。

이 일이 끝나면 점심식사 해요.

今日(きょう)で引(ひ)っ越(こ)しの準備(じゅんび)が済(す)みそうですね。

오늘로 이사 준비가 끝날 것 같네요.

謝(あやま)ったからといって済(す)むことじゃないですよ。

사과했다고 끝날 일이 아니에요.

팁 **済む**는 해야 하는 것을 의도적으로 끝낸다는 뉘앙스가 있는 말입니다.

단어 昼食(ちゅうしょく) 중식, 점심식사　引(ひ)っ越(こ)し 이사　謝(あやま)る 사과하다
～からといって ～라고 해서　～ことじゃ(では)ない ～인 것은 아니다

공연이 끝난 순간 관객들은 큰 박수를 보냈습니다.

⭕ 公演(こうえん)が終(お)わった瞬間(しゅんかん)、観客(かんきゃく)は大(おお)きな拍手(はくしゅ)を送(おく)りました。

❌ 公演(こうえん)が済(す)んだ瞬間(しゅんかん)、観客(かんきゃく)は大(おお)きな拍手(はくしゅ)を送(おく)りました。

공연이 끝나는 것과 같이 정해진 시간이 지나서 진행되던 것이 끝이 났다고 표현할 때는 終わる를 사용합니다.

장을 다 보면 바로 집에 갈 거예요.

⭕ 買(か)い物(もの)が終(お)わったらすぐに家(いえ)に帰(かえ)ります。

⭕ 買(か)い物(もの)が済(す)んだらすぐに家(いえ)に帰(かえ)ります。

장보기를 마친다고 말할 때는 終わる와 済む 둘 다 사용할 수 있습니다. 終わる는 어떤 행동이 끝나는 것에 초점을 둔 말로 여기에서는 단순히 장보기가 끝났다는 것을 나타냅니다. 済む는 해야 할 일을 끝내는 것에 초점을 둔 말로 필요한 것을 다 샀다는 뉘앙스가 있습니다.

단어 公演(こうえん) 공연 瞬間(しゅんかん) 순간 観客(かんきゃく) 관객 拍手(はくしゅ)を送(おく)る 박수를 보내다

접수는 끝나셨나요?

✕ 受付(うけつけ)は終(お)わられましたか？

○ 受付(うけつけ)は済(す)まされましたか？

상대방에게 어떤 일을 마쳤는지 정중하게 물어볼 때는 済む를 사용해서 済まされましたか 또는 お済みでしょうか라고 표현합니다.

단어 受付(うけつけ) 접수

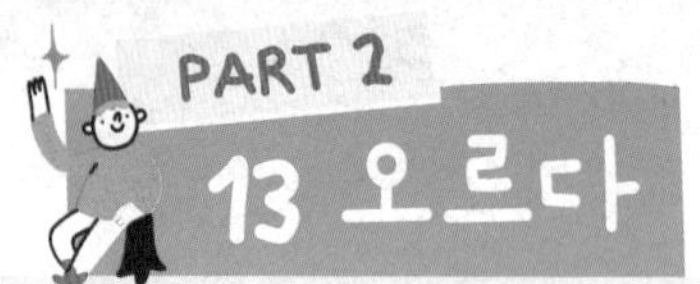

PART 2

13 오르다

あがる

아래에서 위로 이동하는 행위나 그 이동한 지점을 가리킴

階段(かいだん)をあがって3階(さんかい)の科学室(かがくしつ)に行(い)きました。

계단을 올라 3층 과학실에 갔어요.

中間試験(ちゅうかんしけん)よりも期末試験(きまつしけん)の方(ほう)が成績(せいせき)があがりました。

중간고사보다도 기말고사가 성적이 올랐어요.

ドンという音(おと)とともに花火(はなび)があがりました。

펑하는 소리와 함께 불꽃이 피어 올랐어요.

> 팁 **あがる**는 아래에서 위로 이동한 결과나 도착 지점에 초점을 두는 말입니다. 위치나 단계가 보다 높은 방향으로 옮겨진다는 뉘앙스가 있습니다.

단어 **科学室(かがくしつ)** 과학실 **中間試験(ちゅうかんしけん)** 중간고사 **～よりも** ~보다도 **期末試験(きまつしけん)** 기말고사 **成績(せいせき)** 성적 **ドン** 펑 **花火(はなび)** 불꽃

のぼる

아래에서 위로 이동함

猿(さる)が木(き)にのぼっています。

원숭이가 나무에 올라가고 있어요.

朝(あさ)になると空(そら)に太陽(たいよう)がのぼります。

아침이 되면 하늘에 태양이 떠올라요.

> 팁 **のぼる**는 아래에서 위로 이동하는 과정에 초점을 두는 말인데, 힘을 쓰고 노력하여 아래에서 조금씩 위로 향한다는 뉘앙스가 있습니다.

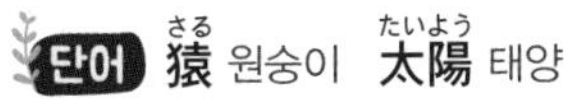

비교

날씨가 좋아서 옥상에 올라왔어요.

O 天気(てんき)がよくて屋上(おくじょう)にあがってきました。

O 天気(てんき)がよくて屋上(おくじょう)にのぼってきました。

지금 옥상에 올라와 있다는 도착의 의미에 초점을 두고 말할 때는 あがる를 사용합니다. のぼる를 사용하면 옥상까지 올라온 과정에 초점을 둔 뉘앙스가 됩니다.

매주 일요일에는 산에 올라요.

X 毎週日曜日(まいしゅうにちようび)は山(やま)にあがります。

O 毎週日曜日(まいしゅうにちようび)は山(やま)にのぼります。

산을 오르는 것과 같이 아래에서 위를 향해 조금씩 올라간다고 표현할 때는 のぼる를 사용합니다.

단어 屋上(おくじょう) 옥상

저는 계단으로 올라갈게요.

✗ わたしは階段(かいだん)をあがっていきます。

△ わたしは階段(かいだん)をのぼっていきます。

'계단을 오르다'라고 할 때는 일반적으로 階段をあがる를 많이 사용합니다. 階段をのぼる라고 하면 한 계단 한 계단 힘을 써서 올라간다는 뉘앙스가 있습니다.

그럼 저는 사다리를 타고 올라갈게요.

✗ じゃあ、わたしははしごをあがっていきます。

○ じゃあ、わたしははしごをのぼっていきます。

사다리는 한 칸씩 팔다리의 힘을 써서 올라가기 때문에 사다리를 타고 올라간다고 할 때는 はしごをのぼる라고 합니다.

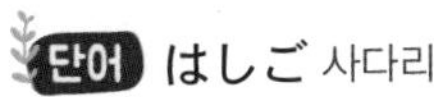

はしご 사다리

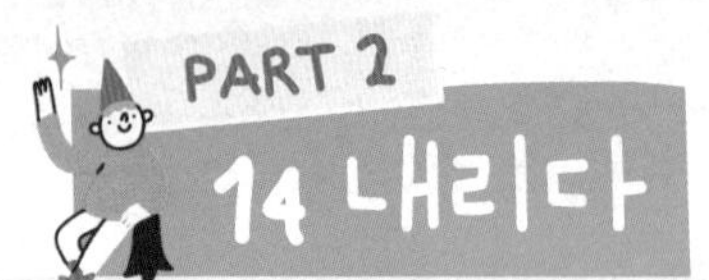

おりる

❶ 위에서 아래로 이동하는 것
❷ 자동차 등의 탈 것에서 내리는 것
❸ 허가를 받는 것

時間(じかん)がなくて急(いそ)いで階段(かいだん)をおりました。

시간이 없어서 서둘러 계단을 내려갔어요.

わたしは次(つぎ)の駅(えき)でおりるね。

나는 다음 역에서 내릴게.

市(し)から許可(きょか)がおりました。

시에서 허가가 떨어졌습니다.

단어 市(し) 시(행정구역 단위) 許可(きょか) 허가

さげる

❶ 위에서 아래로 위치를 옮기는 것 또는 자세 따위를 낮추는 것
❷ 가격이나 정도를 낮추는 것

頭(あたま)をさげて謝(あやま)りました。

머리를 숙여 사과했습니다.

今日(きょう)の会議(かいぎ)で商品(しょうひん)の値段(ねだん)をさげることにしました。

오늘 회의에서 상품 가격을 낮추기로 했습니다.

テレビの音(おと)を少(すこ)しさげました。

텔레비전의 소리를 조금 낮췄어요.

팁 さげる는 조금씩 단계적으로 아래로 옮긴다는 뉘앙스가 있습니다.

단어 謝(あやま)る 사과하다 商品(しょうひん) 상품 値段(ねだん) 값, 가격

おろす

❶ 위에서 아래로 옮기는 것
❷ 위쪽을 고정한 상태에서 아래쪽을 늘리는 것
❸ 어떤 물건을 차에서 내리거나 타고 있던 사람을 내려주는 것

久(ひさ)しぶりに本棚(ほんだな)の上(うえ)にあるアルバムをおろして家族(かぞく)と見(み)ました。

오랜만에 책장 위에 있는 앨범을 내려서 가족과 봤어요.

太陽(たいよう)がまぶしくてブラインドをおろしました。

태양이 눈부셔서 블라인드를 내렸습니다.

あのコンビニの前(まえ)でおろしてください。

저 편의점 앞에서 내려주세요.

팁 お金をおろす라고 하면 '돈을 인출하다'라는 표현입니다.

단어 久(ひさ)しぶりに 오랜만에 本棚(ほんだな) 책장 アルバム 앨범, 사진첩 太陽(たいよう) 태양
まぶしい 눈부시다 ブラインド 블라인드
コンビニ(=コンビニエンスストア) 편의점

죄송하지만 조금 더워서 그러는데 에어컨 온도를 낮춰도 될까요?

✕ すみません、少(すこ)し暑(あつ)いのでエアコンの温度(おんど)をおりてもいいですか?

○ すみません、少(すこ)し暑(あつ)いのでエアコンの温度(おんど)をさげてもいいですか?

✕ すみません、少(すこ)し暑(あつ)いのでエアコンの温度(おんど)をおろしてもいいですか?

온도와 같이 어떤 것의 정도를 낮추거나 내리는 것을 말할 때는 さげる를 사용합니다.

저기, 선반 위에 있는 상자를 내려줄래?

✕ ねぇ、棚(たな)の上(うえ)にある箱(はこ)をおりてもらえる?

✕ ねぇ、棚(たな)の上(うえ)にある箱(はこ)をさげてもらえる?

○ ねぇ、棚(たな)の上(うえ)にある箱(はこ)をおろしてもらえる?

물건 따위를 위에서 아래로 옮기는 것을 표현할 때는 おろす를 사용합니다.

단어 エアコン 에어컨 温度(おんど) 온도 棚(たな) 선반 箱(はこ) 상자, 함

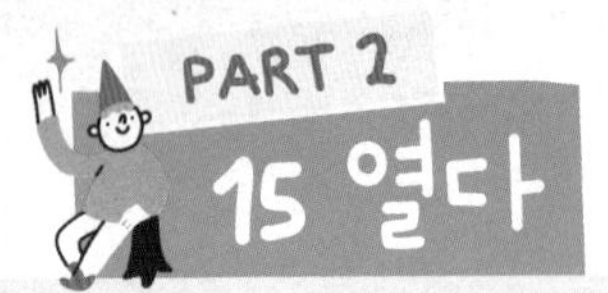

15 열다

開(あ)ける

❶ 개방된 상태로 만드는 것
❷ 뚜껑 따위를 여는 것
❸ 가게 등의 영업 시간이 시작되는 것

ドアを開(あ)けて換気(かんき)をします。

문을 열고 환기를 시켜요.

瓶(びん)のふたを開(あ)けてください。

병 뚜껑을 열어 주세요.

今日(きょう)は10時(じゅうじ)に店(みせ)を開(あ)ける予定(よてい)です。

오늘은 10시에 가게를 열 예정이에요.

단어 換気(かんき) 환기　瓶(びん) 병　ふた 뚜껑

❶ 안에 있는 것이 보이게 펼치는 것, 또는 활짝 여는 것
❷ 가게 등의 영업 시간이 시작되는 것 또는 새로운 가게를 개업하는 것
❸ 회의나 행사 등을 여는 것
❹ 마음을 여는 것

教科書(きょうかしょ)の10ページを開(ひら)いてください。

교과서 10페이지를 펴 주세요.

会社(かいしゃ)を辞(や)めて新(あたら)しくカフェを開(ひら)くことにしました。

회사를 그만두고 새로 카페를 열기로 했어요.

わたしたちの会社(かいしゃ)では毎週金曜日(まいしゅうきんようび)に会議(かいぎ)を開(ひら)きます。

우리 회사에서는 매주 금요일에 회의를 열어요.

転校(てんこう)してきた子(こ)がやっと心(こころ)を開(ひら)いて話(はなし)をしてくれました。

전학 온 학생이 겨우 마음을 열고 이야기를 해줬어요.

단어 教科書(きょうかしょ) 교과서　辞(や)める 그만두다, 사직하다　カフェ 카페　転校(てんこう) 전학
やっと 겨우, 간신히

비교

페트병의 뚜껑을 열어서 주스를 마셔요.

○ ペットボトルのふたを開(あ)けてジュースを飲(の)みます。

× ペットボトルのふたを開(ひら)いてジュースを飲(の)みます。

뚜껑 따위를 열 때는 あける를 사용합니다.

이 파일은 휴대폰에서는 안 열려요.

× このファイルは携帯(けいたい)では開(あ)けられません。

○ このファイルは携帯(けいたい)では開(ひら)けません。

컴퓨터상의 문서나 엑셀과 같은 파일을 연다고 표현할 때는 ひらく를 사용합니다.

단어 ペットボトル 페트병 ふた 뚜껑 ファイル 파일 携帯(けいたい) 휴대전화, 휴대폰 마음을 열고 뭐든지 이야기해주세요.

✕ 心(こころ)を開(あ)けて何(なん)でも話(はな)してくださいね。

○ 心(こころ)を開(ひら)いて何(なん)でも話(はな)してくださいね。

마음을 연다는 것을 표현할 때는 ひらく를 사용합니다.

단어 何(なん)でも 뭐든지, 모두

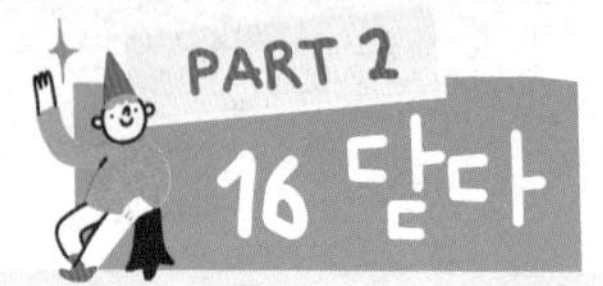

閉める

(し)

❶ 문이나 서랍 등의 열려 있는 것을 닫는 것
❷ 뚜껑 따위를 돌려서 닫는 것
❸ 가게 등을 폐업하는 것
❹ 가게 등이 그날의 영업을 끝내는 것

少し寒いので窓を半分くらい閉めてください。

조금 추워서 그러는데 창문을 반 정도 닫아 주세요.

ペットボトルのふたは必ず閉めてくださいね。

페트병의 뚜껑은 반드시 닫아 주세요.

お客さんが全然来なくて店を閉めることにしました。

손님이 전혀 오지 않아서 가게를 폐업하기로 했어요.

材料がなくなってしまったので今日は早めに店を閉めます。

재료가 떨어져서 오늘은 일찍 가게를 닫습니다.

단어 半分(はんぶん) 반, 절반　ペットボトル 페트병　ふた 뚜껑　全然(ぜんぜん) 전혀　材料(ざいりょう) 재료
早めに(はやめに) 일찍

閉(と)じる

❶ 문이나 서랍 등의 열려 있는 것을 닫는 것
❷ 펼쳐져 있던 상태에서 원래의 상태로 접는 것
❸ 가게 등을 폐업하는 것

風(かぜ)が強(つよ)いので窓(まど)を閉(と)じましょう。

바람이 세니까 창문을 닫죠.

雨(あめ)が止(や)んだので傘(かさ)を閉(と)じました。

비가 그쳐서 우산을 접었어요.

目(め)を閉(と)じて瞑想(めいそう)します。

눈을 감고 명상해요.

売(う)り上(あ)げが伸(の)びなくて一年(いちねん)で店(みせ)を閉(と)じることにしました。

매상이 늘지 않아서 1년 만에 가게를 폐업하기로 했어요.

팁 **とじる**는 떨어져 있던 부분을 서로 맞닿게 한다는 뜻이 있어 눈을 감는다거나 입을 닫는다는 표현을 할 때도 사용합니다.

단어 止(や)む 멎다, 그치다　瞑想(めいそう) 명상　売(う)り上(あ)げ 매상　伸(の)びる 늘어나다, 증가하다

비교

병 뚜껑을 닫아주세요.

O 瓶(びん)のふたを閉(し)めてください。

X 瓶(びん)のふたを閉(と)じてください。

뚜껑을 돌려서 닫을 때는 しめる를 사용합니다.

밀폐용기의 뚜껑을 닫고 냉장고에 넣어요.

X タッパーのふたを閉(し)めて冷蔵庫(れいぞうこ)に入(い)れます。

O タッパーのふたを閉(と)じて冷蔵庫(れいぞうこ)に入(い)れます。

반찬통과 같이 뚜껑의 양쪽을 맞닿게 해서 닫을 때는 とじる를 사용합니다.

단어 瓶(びん) 병　ふた 뚜껑　タッパー 플라스틱 밀폐용기

아빠는 입을 다문 채 한마디도 하지 않으셨어요.

✕ 父(ちち)は口(くち)を閉(し)めたまま一言(ひとこと)も話(はな)しませんでした。

○ 父(ちち)は口(くち)を閉(と)じたまま一言(ひとこと)も話(はな)しませんでした。

입을 다물고 말을 하지 않는다고 할 때는 とじる를 사용합니다.

단어 ～(た)まま ～한 채 一言(ひとこと) 한마디

PART 2

17 돌아가다, 돌아오다

帰る(かえ)

❶ 자신의 집이나 고향에 돌아가는 것
❷ 지금 있는 장소를 떠나는 것

休暇(きゅうか)をとって久(ひさ)しぶりに実家(じっか)に帰(かえ)るつもりです。

휴가를 내서 오랜만에 본가에 가려고 해요.

仕事(しごと)も終(お)わったし、やっと家(いえ)に帰(かえ)れるな。

일도 끝났고 겨우 집에 갈 수 있겠네.

お客(きゃく)さんが帰(かえ)ったら掃除(そうじ)をしましょう。

손님이 돌아가면 청소를 합시다.

팁 **帰る**는 돌아가는 곳에 당분간 머문다는 뉘앙스가 있습니다.

단어 **休暇(きゅうか)をとる** 휴가를 내다 **久(ひさ)しぶりに** 오랜만에 **実家(じっか)** 본가, 생가
つもり 속셈, 생각, 의도 **やっと** 겨우, 간신히 **掃除(そうじ)** 청소

戻る(もど)

❶ 원래 있던 곳으로 다시 이동하는 것
❷ 원래의 상태로 다시 돌아가는 것
❸ 가던 길을 다시 되돌아가는 것

外回り(そとまわ)が終(お)わったら、会社(かいしゃ)に一旦(いったん)戻(もど)ってから退勤(たいきん)するつもりです。

외근이 끝나면 회사에 일단 돌아갔다가 퇴근할 생각이에요.

このマットレスは、形(かたち)が変(か)わってもまた元(もと)の形(かたち)に戻(もど)ります。

이 매트리스는 모양이 변해도 다시 원래의 형태로 돌아옵니다.

道(みち)を間違(まちが)えたので、来(き)た道(みち)をまた戻(もど)りました。

길을 잘못 들어서 왔던 길을 다시 돌아갔어요.

팁 **戻る**는 사람과 사물 모두에 사용할 수 있는 말입니다. **帰る**와 달리 잠깐 머물기 위해 또는 잠깐 무언가를 하기 위해 돌아간다는 뉘앙스도 있습니다.

단어 外回り(そとまわ) 외근　一旦(いったん) 일단　退勤(たいきん) 퇴근　つもり 속셈, 생각, 의도　マットレス 매트리스
形(かたち) 모양, 형태　元(もと) 원래　道(みち)を間違(まちが)える 길을 잘못 들다

비교

오늘 일정이 다 끝나서 집에 갑니다.

O 今日(きょう)のスケジュールが全部(ぜんぶ)終(お)わったので家(いえ)に帰(かえ)ります。

X 今日(きょう)のスケジュールが全部(ぜんぶ)終(お)わったので家(いえ)に戻(もど)ります。

그날의 할 일을 모두 마치고 귀가한다는 것을 말할 때는 帰る를 사용합니다.

친척이 돌아가고 나서 설거지를 했어요.

O 親戚(しんせき)が帰(かえ)ったあとで皿洗(さらあら)いをしました。

X 親戚(しんせき)が戻(もど)ったあとで皿洗(さらあら)いをしました。

지금 있는 장소를 떠나 집 등 원래 있던 곳으로 돌아간다는 것을 표현할 때는 帰る를 사용합니다.

단어 スケジュール 스케줄, 일정 親戚(しんせき) 친척 皿洗(さらあら)い 설거지

두고 온 것이 있어서 집에 돌아갑니다.

△ 忘(わす)れ物(もの)をしたので家(いえ)に帰(かえ)ります。

○ 忘(わす)れ物(もの)をしたので家(いえ)に戻(もど)ります。

집에 돌아간다고 표현할 때는 帰る와 戻る 둘 다 사용할 수 있지만, 위와 같이 두고 온 것을 가지러 집으로 잠깐 돌아간다고 할 때는 戻る가 적합합니다.

찾고 있던 운전면허증이 다시 돌아왔어요.

× 探(さが)していた運転免許証(うんてんめんきょしょう)が帰(かえ)ってきました。

○ 探(さが)していた運転免許証(うんてんめんきょしょう)が戻(もど)ってきました。

잃어버린 물건을 다시 찾았다고 말할 때는 戻る를 사용합니다.

단어 忘(わす)れ物(もの) 물건을 두고 옴, 분실물 探(さが)す 찾다 運転免許証(うんてんめんきょしょう) 운전면허증

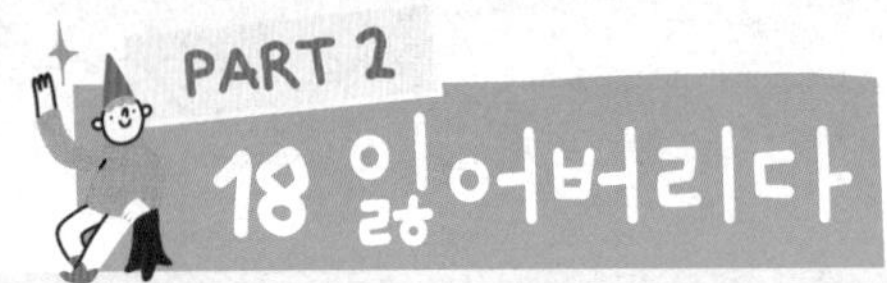

忘(わす)れる

❶ 기억하고 있던 것을 잊어버림 또는 기억이 없어짐
❷ 무언가에 푹 빠져 정신을 못 차림
❸ 물건을 깜빡하고 두고 오거나 해야 하는 일을 깜빡하고 안 함

友(とも)だちの電話番号(でんわばんごう)を忘(わす)れてしまいました。

친구의 전화번호를 잊어버렸어요.

久(ひさ)しぶりに同窓会(どうそうかい)に行(い)って時間(じかん)が経(た)つのも忘(わす)れるくらいおしゃべりしていました。

오랜만에 동창회에 가서 시간이 지나가는 것도 모를 정도로 수다를 떨었어요.

会議(かいぎ)で配(くば)る資料(しりょう)をうっかり家(いえ)に忘(わす)れてきてしまいました。

회의 때 나눠줄 자료를 그만 집에 두고 와버렸어요.

家(いえ)の電気(でんき)を消(け)し忘(わす)れて出(で)かけることがよくあります。

집의 불을 안 끄고 나갈 때가 자주 있어요.

단어 電話番号(でんわばんごう) 전화번호 久(ひさ)しぶりに 오랜만에 同窓会(どうそうかい) 동창회
時間(じかん)が経(た)つ 시간이 흐르다 配(くば)る 나누어주다, 배포하다 資料(しりょう) 자료
うっかり 그만, 깜박 電気(でんき)を消(け)す 전깃불을 끄다

なくす

❶ 가지고 있던 물건을 잃어버림
❷ 자신감이나 의욕 등 정신적인 힘이 없어짐
❸ 존재하는 것, 가지고 있는 것을 의도적으로 없앰

買(か)い物(もの)をしている間(あいだ)に財布(さいふ)をなくしてしまいました。

장을 보고 있는 사이에 지갑을 잃어버리고 말았어요.

自信(じしん)をなくしたら、いつも先生(せんせい)の言葉(ことば)を思(おも)い出(だ)します。

자신감을 잃었을 때 항상 선생님의 말씀을 떠올려요.

時間(じかん)の無駄(むだ)をなくすいい方法(ほうほう)がありますか？

시간 낭비를 없애는 좋은 방법이 있나요?

팁 なくす에는 '죽음으로 인해 그 사람을 잃다'라는 뜻도 있습니다.

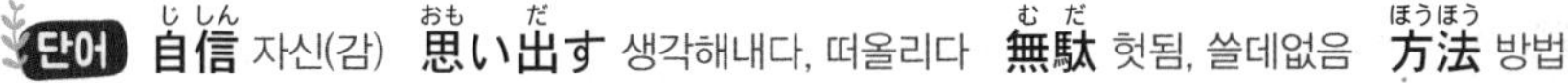

단어 自信(じしん) 자신(감) 思(おも)い出(だ)す 생각해내다, 떠올리다 無駄(むだ) 헛됨, 쓸데없음 方法(ほうほう) 방법

비교

오늘 약속이 있는 것 잊고 있었어!

O 今日(きょう)約束(やくそく)あるの忘(わす)れてた！

X 今日(きょう)約束(やくそく)あるのなくしてた！

약속이나 일정 등을 깜빡 잊고 있었음을 표현할 때는 忘れる를 사용합니다.

중요한 면접에 떨어져서 의욕이 없어졌어요.

X 大事(だいじ)な面接(めんせつ)に落(お)ちてやる気(き)忘(わす)れちゃいました。

O 大事(だいじ)な面接(めんせつ)に落(お)ちてやる気(き)なくしちゃいました。

의욕과 같이 정신적인 힘이 없어졌거나 어떠한 물건을 잃어버렸음을 나타낼 때는 なくす를 사용합니다.

단어 面接(めんせつ) 면접　やる気(き) 의욕, 할 마음

휴대폰을 찾을 때

あれ？スマホがない。家(いえ)に忘(わす)れてきちゃったかな？

어? 스마트폰이 없네. 집에 두고 와버렸나?

あれ？スマホがない。もしかしてどこかでなくしちゃったかな？

어? 스마트폰이 없네. 혹시 어디서 잃어버렸나?

어떠한 물건을 어딘가에 두고 왔거나 그럴 가능성을 말할 때는 忘れる에 くる를 붙여 忘れてくる라고 합니다.
가지고 있던 물건을 아예 잃어버렸거나 그럴 가능성을 말할 때는 なくす를 사용합니다.

단어 スマホ(=スマートフォン) 스마트폰, 휴대폰　もしかして 혹시, 어쩌면

❶ 손이나 도구를 이용해서 어떤 대상을 한 번 또는 여러 번 치는 것
❷ 상대방을 비판하는 것

誰(だれ)かが玄関(げんかん)の扉(とびら)を叩(たた)きました。

누군가가 현관문을 두드렸어요.

太鼓(たいこ)を叩(たた)いて演奏(えんそう)します。

북을 치면서 연주해요.

父(ちち)に「しっかりしろ！」と背中(せなか)を叩(たた)かれました。

아버지에게 "정신 차려라!"라고 등을 맞았어요.

心無(こころな)い一言(ひとこと)が原因(げんいん)になって、あの芸能人(げいのうじん)はメディアで激(はげ)しく叩(たた)かれました。

경솔한 말 한마디가 원인이 되어 그 연예인은 언론에서 심하게 비난을 받았어요.

단어 誰(だれ)か 누군가 玄関(げんかん) 현관 扉(とびら) 문 太鼓(たいこ) 북 演奏(えんそう) 연주 心無(こころな)い 경솔하다, 분별 없다
一言(ひとこと) 한마디 原因(げんいん) 원인 芸能人(げいのうじん) 연예인 メディア 미디어, 언론 激(はげ)しい 심하다

殴(なぐ)る

❶ 악의를 가지고 상대방을 난폭하게 치는 것
❷ (동사에 붙여) 난폭하게 어떤 동작을 하는 것

人(ひと)や動物(どうぶつ)は絶対(ぜったい)に殴(なぐ)ってはいけません。

사람이나 동물은 절대로 때리면 안 됩니다.

イライラして日記帳(にっきちょう)に今(いま)の気持(きも)ちを書(か)き殴(なぐ)りました。

초조해져서 일기장에 지금의 기분을 휘갈겨 썼어요.

팁 殴る는 叩く에 비하면 타격이 매우 강한 뉘앙스가 있습니다.

단어 絶対(ぜったい)(に) 절대로 イライラ 초조함, 조바심이 남 日記帳(にっきちょう) 일기장
書(か)き殴(なぐ)る 휘갈겨 쓰다

뒷자리 친구가 어깨를 툭툭 두드렸어요.

O 後ろの席の友だちが肩をポンポンと叩きました。

X 後ろの席の友だちが肩をポンポンと殴りました。

어깨를 툭툭 두드리는 것과 같이 무언가를 가볍게 두드리거나 치는 것을 말할 때는 叩く를 사용합니다.

선수가 우승했다고 듣고 감독은 손뼉을 치면서 기뻐했어요.

O 選手が優勝したと聞いて監督は手を叩いて喜びました。

X 選手が優勝したと聞いて監督は手を殴って喜びました。

손뼉을 친다고 말할 때는 手を叩く를 사용합니다.

단어 席 자리, 좌석 肩 어깨 ポンポン 툭툭 選手 선수 優勝 우승 監督 감독

범인은 피해자를 심하게 때리는 등의 폭력을 가했다고 합니다.

✕ 犯人(はんにん)は被害者(ひがいしゃ)をひどく叩く(たたく)などの暴行(ぼうこう)を加(くわ)えたそうです。

○ 犯人(はんにん)は被害者(ひがいしゃ)をひどく殴る(なぐる)などの暴行(ぼうこう)を加(くわ)えたそうです。

심하게 때리는 것과 같이 상대방을 난폭하게 치는 것을 말할 때는 殴る를 사용합니다.

단어 犯人(はんにん) 범인　被害者(ひがいしゃ) 피해자　暴行(ぼうこう) 폭행　加える(くわえる) 더하다, 가하다

触れる

❶ 가볍게 닿는 것
❷ 몸으로 체험해서 느끼거나 알게 되는 것
❸ 법이나 규칙에 어긋난 행위를 하는 것
❹ 어떤 것을 문제 삼아 이야기하는 것

画面に触れると表示が変わります。

화면에 닿으면 표시가 변합니다.

わたしは留学して日本の文化に触れたいです。

저는 유학을 가서 일본 문화를 느껴보고 싶어요.

法に触れるような行為をしてはいけません。

법에 어긋나는 행위를 해서는 안됩니다.

佐々木さんも反省しているから、これ以上この話に触れるのはやめましょう。

사사키 씨도 반성하고 있으니까 더 이상 이 이야기를 언급하는 것은 그만해요.

팁 '가볍게 닿는다'고 쓰일 때 그것이 우연히 또는 순간적으로 일어났다는 뉘앙스가 있습니다.

단어 画面 화면 表示 표시 留学 유학 法 법 行為 행위 反省 반성
やめる 그만하다, 중지하다

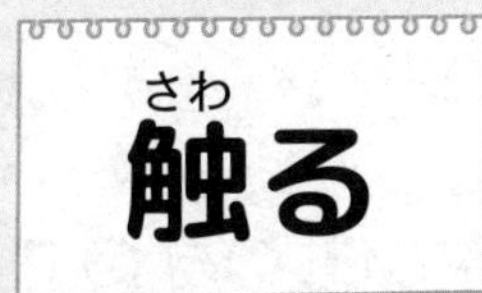

어떤 목적이 있어 접촉하는 것

うちの猫(ねこ)は背中(せなか)を触(さわ)るととてもうれしそうにします。

우리 고양이는 등을 만지면 정말 좋아해요.

この商品(しょうひん)は直接(ちょくせつ)触(さわ)らないでください。

이 상품은 직접 만지지 말아 주세요.

팁 **触る**는 주로 손을 이용해서 사람이나 물건을 의도적으로 만지는 것을 말합니다.

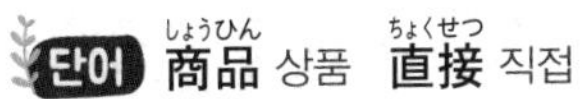

비교

▌이것은 파손되기 쉬운 물건이니 살짝 만져주세요.

○ これは壊(こわ)れやすいものなので、そっと触(ふ)れてください。

△ これは壊(こわ)れやすいものなので、そっと触(さわ)ってください。

살짝 만지거나 가볍게 닿는 것을 표현할 때는 주로 触れる를 사용합니다.

▌오늘 수업에서는 한국의 전통문화를 접할 수 있었어요.

○ 今日(きょう)の授業(じゅぎょう)では韓国(かんこく)の伝統文化(でんとうぶんか)に触(ふ)れることができました。

× 今日(きょう)の授業(じゅぎょう)では韓国(かんこく)の伝統文化(でんとうぶんか)に触(さわ)ることができました。

체험 등을 통해 무언가를 느끼거나 알게 되는 것을 표현할 때는 触れる를 사용합니다. 특히 예문처럼 새로운 문화를 접하는 것을 말할 때 많이 쓰입니다.

단어 壊(こわ)れる 부서지다, 파손되다　そっと 살짝, 가만히　授業(じゅぎょう) 수업　伝統文化(でんとうぶんか) 전통문화

저는 이야기할 때 머리카락을 만지는 버릇이 있어요.

✗ わたしは話(はな)すときに髪(かみ)に触(ふ)れるくせがあります。

○ わたしは話(はな)すときに髪(かみ)を触(さわ)るくせがあります。

髪に触れる라고 하면 머리카락에 손이 살짝 닿는 것을 말하고 髪を触る라고 하면 머리카락을 쓰다듬거나 배배 꼬는 등의 행동을 말합니다. 또 触れる는 그 동작이 우연히 일어났다는 뉘앙스가 있으므로 위와 같이 머리카락을 만지는 버릇이 있다고 말할 때에는 触る를 사용하는 것이 적절합니다.

단어 髪(かみ) 머리카락 くせ 버릇, 습관

PART 2 21 남다

残る(のこる)

없어지지 않고 그 자리에 남아 있는 것

会社(かいしゃ)に残(のこ)って仕事(しごと)をする人(ひと)が必要(ひつよう)です。

회사에 남아서 일을 할 사람이 필요합니다.

ラーメンを注文(ちゅうもん)したけど、お腹(なか)がいっぱいで少(すこ)し残(のこ)ってしまいました。

라면을 주문했는데 배가 불러서 조금 남아 버렸어요.

傷跡(きずあと)が一週間(いっしゅうかん)経(た)ってもまだ残(のこ)っています。

상처 자국이 일주일이 지나도 아직 남아 있어요.

팁 **残る**는 사람이나 사물의 일부 등이 아직 남아 있음을 의미합니다.

단어 ラーメン 라면 注文(ちゅうもん) 주문 傷跡(きずあと) 상처 자국, 흉터 経(た)つ 지니다, 경과하다

余(あま)る

일정한 기준을 초과해서 남아 있거나 넘치는 것

3人(さんにん)で4人分(よにんぶん)のメニューを注文(ちゅうもん)したら食(た)べ切(き)れずに余(あま)ってしまいました。

3명이서 4인분 메뉴를 주문했더니 다 먹지 못하고 남아 버렸어요.

最近(さいきん)は働(はたら)き口(ぐち)が少(すく)なく、人手(ひとで)が余(あま)っています。

최근에는 일자리가 적어서 일손이 남아돌고 있어요.

新人(しんじん)にこの仕事(しごと)は手(て)に余(あま)ると思(おも)います。

신입한테 이 일은 감당하기 어려울 것 같아요.

팁 **余る**는 정도나 힘이 어떤 기준을 넘어서서 그것이 버겁게 느껴지거나 실행하기 어렵다는 것을 나타내기도 합니다. 이때는 **～に余る**라고 표현합니다.

단어 **～分(ぶん)** 몫, 분량 **メニュー** 메뉴, 식단, 요리 **注文(ちゅうもん)** 주문 **食(た)べ切(き)れず** 다 먹지 못하고 **働(はたら)き口(ぐち)** 일자리 **人手(ひとで)** 일손 **新人(しんじん)** 신인, 신입, 신참 **手(て)に余(あま)る** 벅차다, 감당하기 어렵다

장을 봤더니 500엔 남았어요.

○ 買(か)い物(もの)をしたら500円(ごひゃくえん)残(のこ)りました。

× 買(か)い物(もの)をしたら500円(ごひゃくえん)余(あま)りました。

돈을 지불한 후 지갑에 500엔이 남았다는 뜻으로 말할 때는 残る를 사용합니다.

아직 5000엔이 남아 있어요.

△ まだ5000円(ごせんえん)残(のこ)っています。

○ まだ5000円(ごせんえん)余(あま)っています。

돈이 남아 있다는 뜻으로 말할 때는 残る와 余る 둘 다 사용할 수 있지만, 여유 금액으로 아직 5000엔이 남아 있다는 뜻으로 말할 때는 余る를 사용합니다.

지금까지 본 드라마 중에 제일 기억에 남는 것은 뭐예요?

○ 今まで見たドラマの中で一番記憶に**残る**ものはなんですか？

× 今まで見たドラマの中で一番記憶に**余る**ものはなんですか？

어떤 기억이나 추억이 없어지지 않고 머리에 남아 있는 것을 말할 때는 残る를 사용합니다.

만두를 너무 많이 만들어서 남고 말았습니다.

△ 餃子を作りすぎて**残って**しまいました。

○ 餃子を作りすぎて**余って**しまいました。

음식이 남았다는 것을 말할 때는 残る와 余る 둘 다 사용할 수 있지만, 먹는 인원수보다 음식의 양이 많아서 남을 때는 余る를 사용하는 경향이 있습니다.

단어 記憶 기억 餃子 만두

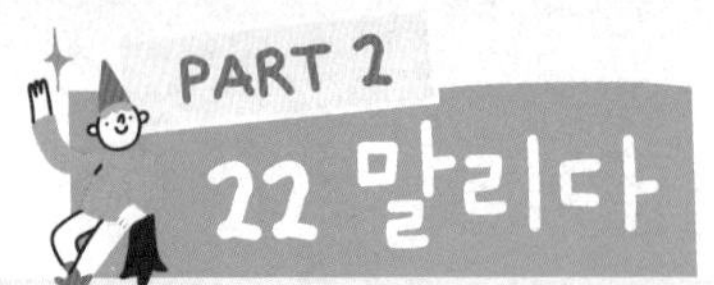

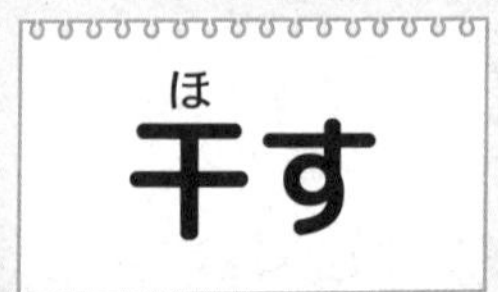

어떤 것을 펼쳐 널어서 말리는 것

洗濯物(せんたくもの)を干(ほ)すのはわたしの担当(たんとう)です。

세탁물을 너는 것은 제 담당이에요.

わたしの祖母(そぼ)は柿(かき)を干(ほ)して干(ほ)し柿(がき)を作(つく)ります。

우리 할머니는 감을 말려 곶감을 만들어요.

> 팁 **干す**는 물기를 제거해서 건조한다는 의미도 있지만, 그것보다는 햇빛이 잘 들어오는 곳 또는 통풍이 잘 되는 곳에 둔다는 것에 초점을 둔 말입니다. 따라서 젖어 있지 않은 것에도 사용할 수 있습니다. 빨래나 이불, 옷가지 등을 널 때, 그리고 채소나 과일, 생선 등을 말릴 때 **干す**를 사용합니다.

단어 洗濯物(せんたくもの) 세탁물, 빨래　担当(たんとう) 담당　柿(かき) 감　干し柿(ほしがき) 곶감

乾(かわ)かす

젖어 있는 것의 물기를 없애 건조하는 것

雨(あめ)で濡(ぬ)れた靴(くつ)を乾(かわ)かしました。

빗물에 젖은 신발을 말렸어요.

洗濯物(せんたくもの)を乾燥機(かんそうき)に入(い)れて乾(かわ)かしました。

세탁물을 건조기에 넣어 말렸어요.

팁 **乾かす**는 젖어 있는 것에서 물기를 제거해 말린다는 의미로, 건조기나 드라이어 등의 기계를 사용해서 건조할 때도 **乾かす**를 사용합니다.

단어 **濡(ぬ)れる** 젖다 **洗濯物(せんたくもの)** 세탁물, 빨래 **乾燥機(かんそうき)** 건조기

비교

맛국물 재료로 하기 위해서 표고버섯을 말려요.

O だしにするためにしいたけを干(ほ)します。

X だしにするためにしいたけを乾(かわ)かします。

채소나 버섯 등을 말려서 건조 상태 또는 반건조 상태로 하는 것은 干す를 사용합니다.

머리를 잘랐더니 드라이어로 말리는 시간이 짧아졌어요.

X 髪(かみ)を切(き)ったらドライヤーで干(ほ)す時間(じかん)が短(みじか)くなりました。

O 髪(かみ)を切(き)ったらドライヤーで乾(かわ)かす時間(じかん)が短(みじか)くなりました。

머리를 드라이어로 말리는 것과 같이 어떤 기계를 이용해서 물기를 없애 건조한다는 뜻으로 말할 때는 乾かす를 사용합니다.

단어 だし 맛국물 재료 しいたけ 표고버섯 髪(かみ) 머리카락 ドライヤー 드라이어, 건조기

주말에 옥상에서 이불을 말렸어요.

週末屋上で布団を干しました。

週末屋上で布団を乾かしました。

布団を干す라고 하면 '이불을 널다'라는 뜻이 되고 布団を乾かす라고 하면 '젖은 이불을 건조하다'라는 뜻이 됩니다.
干す는 햇빛이 잘 들어오거나 통풍이 잘 되는 곳에 두는 것이 목적이어서 젖은 것을 널 때도 젖지 않은 것을 널 때도 사용할 수 있습니다.

단어 週末(しゅうまつ) 주말 屋上(おくじょう) 옥상 布団(ふとん) 이불

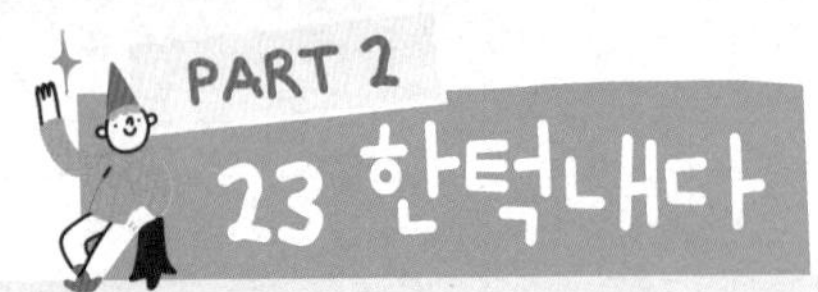

ごちそうする

❶ 상대방의 음식값도 같이 지불하는 것
❷ 사람을 집에 초대해서 음식을 대접하는 것

お世話(せわ)になったお礼(れい)に、私(わたし)がごちそうしますよ。

신세 진 것에 대한 답례로 제가 한턱내겠습니다.

週末(しゅうまつ)は彼女(かのじょ)のご両親(りょうしん)を招待(しょうたい)してごちそうする予定(よてい)です。

주말에는 여자친구의 부모님을 초대해서 대접할 예정이에요.

> 팁 상대방의 음식값까지 지불한다는 뜻으로 **ごちそうする**를 사용할 때는 음식값이 다소 비싼 경우가 많습니다. 금액이 적을 때는 **ごちそうする**를 잘 사용하지 않습니다.

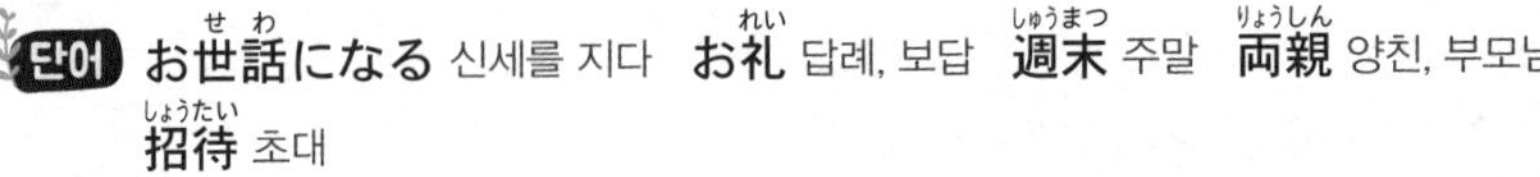
단어 お世話(せわ)になる 신세를 지다　お礼(れい) 답례, 보답　週末(しゅうまつ) 주말　両親(りょうしん) 양친, 부모님　招待(しょうたい) 초대

おごる

상대방의 음식값도 같이 지불하는 것

カフェ代(だい)はわたしがおごるよ！

커피값은 내가 낼게!

今日(きょう)はわたしがおごるので、食(た)べたいもの何(なん)でも食(た)べてくださいね！

오늘은 제가 사는 거니까 먹고 싶은 거 뭐든지 드세요!

팁 **おごる**는 금액에 상관없이 사용할 수 있는 말로 일상 회화에서 많이 쓰이며, 친구나 친한 사람에게 '한턱내다'라는 말을 할 때는 **ごちそうする**보다 **おごる**를 더 많이 사용하는 경향이 있습니다.

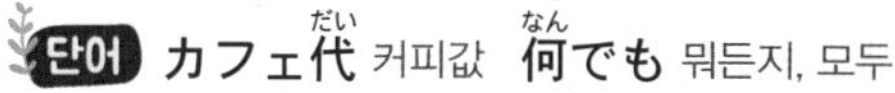

단어 カフェ代(だい) 커피값　何(なん)でも 뭐든지, 모두

항상 맛있는 것 사줘서 고마워.

O いつもおいしいものごちそうしてくれてありがとう。

O いつもおいしいものおごってくれてありがとう。

화자가 상대방한테 대접을 받는다고 생각하거나 실제로 그럴만한 음식을 상대방이 사주는 상황에서는 ごちそうする를 사용하는 경우가 많습니다. 친구나 친한 사람에게 가볍게 말할 때는 보통 おごる를 많이 사용합니다.

주말에 꼭 놀러 오세요. 저녁을 대접할게요.

O 週末(しゅうまつ)、ぜひ遊(あそ)びに来(き)てください。夕飯(ゆうはん)ごちそうしますよ。

X 週末(しゅうまつ)、ぜひ遊(あそ)びに来(き)てください。夕飯(ゆうはん)おごりますよ。

집에 온 손님에게 음식을 대접하는 것을 말할 때는 ごちそうする를 사용합니다.

단어 週末(しゅうまつ) 주말　ぜひ 꼭, 제발　夕飯(ゆうはん) 저녁(밥)

이 케이크는 내가 살게.

△ このケーキはわたしがごちそうするね。

○ このケーキはわたしがおごるね。

ごちそうする는 보통 지불하는 금액이 비교적 고가일 때 사용합니다. 금액에 상관없이, 또는 친구와 같이 친한 사람에게 말할 때는 おごる를 사용합니다.

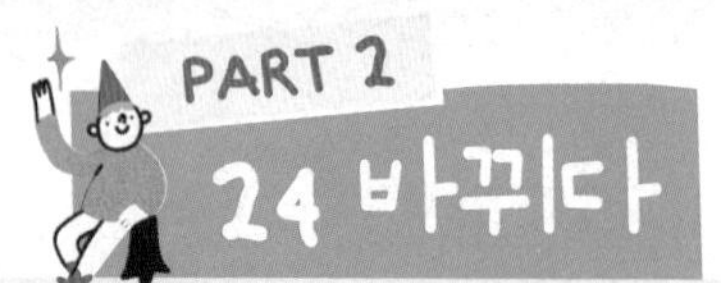

PART 2 24 바뀌다

変(か)わる

이전과 내용이나 상태가 달라지는 것

髪型(かみがた)が変(か)わりましたね。髪(かみ)を切(き)りましたか？

머리 모양이 바뀌었네요. 머리 잘랐어요?

今月(こんげつ)からお店(みせ)の営業時間(えいぎょうじかん)が変(か)わりました。

이번 달부터 가게의 영업 시간이 바뀌었습니다.

林(はやし)さん、最近(さいきん)いいことでもあったんですか？表情(ひょうじょう)が変(か)わりましたね。

하야시 씨, 요즘 좋은 일이라도 있었어요? 표정이 달라졌네요.

단어 髪型(かみがた) 머리 모양　髪(かみ) 머리카락　営業(えいぎょう) 영업　表情(ひょうじょう) 표정

代(か)わる

사람이나 물건 따위의 역할을 대신해서 맡는 것

試合(しあい)の後半(こうはん)になってピッチャーの選手(せんしゅ)が代(か)わりました。

경기 후반이 돼서 투수 선수가 바뀌었습니다.

友(とも)だちに代(か)わって今日(きょう)だけバイトをすることになりました。

친구를 대신해서 오늘만 아르바이트를 하게 되었어요.

プラスチックに代(か)わる素材(そざい)を開発(かいはつ)しています。

플라스틱을 대체할 소재를 개발하고 있어요.

단어 試合(しあい) 시합, 경기 後半(こうはん) 후반 ピッチャー 투수 選手(せんしゅ) 선수
バイト(= アルバイト) 아르바이트, 파트타임 プラスチック 플라스틱, 합성수지
素材(そざい) 소재 開発(かいはつ) 개발

替(か)わる

❶ 사용하던 것이 새것으로 바뀌는 것
❷ 여태까지 그 자리에 있던 사람이 빠지고 새로운 사람이 들어오는 것
❸ 일 따위를 시간 별로 여러 사람이 번갈아 가면서 하는 것
❹ 어떤 것이 차례대로 바뀌는 것

家(いえ)の時計(とけい)が新(あたら)しいものに替(か)わりました。

집 시계가 새것으로 바뀌었어요.

先輩(せんぱい)たちが引退(いんたい)してチームメンバーが替(か)わりました。

선배들이 은퇴해서 팀원이 바뀌었어요.

私(わたし)たちは3人(さんにん)で替(か)わりながら仕事(しごと)をしています。

우리는 셋이서 번갈아 가면서 일을 하고 있습니다.

この食堂(しょくどう)は曜日(ようび)ごとにメニューが替(か)わります。

이 식당은 요일마다 메뉴가 바뀝니다.

팁 **替わる**는 사람이나 일 따위가 반복적으로 교체된다는 뉘앙스로도 쓰입니다.

단어 **先輩(せんぱい)** 선배(님) **引退(いんたい)** 은퇴 **チームメンバー** 팀원 **～ごと(に)** ~마다
メニュー 메뉴, 식단, 요리

오늘은 비가 와서 소풍이 실내 활동으로 바뀌었어요.

✕ 今日(きょう)は雨(あめ)なので遠足(えんそく)が室内活動(しつないかつどう)に変(か)わりました。

○ 今日(きょう)は雨(あめ)なので遠足(えんそく)が室内活動(しつないかつどう)に代(か)わりました。

✕ 今日(きょう)は雨(あめ)なので遠足(えんそく)が室内活動(しつないかつどう)に替(か)わりました。

어떤 일정 따위가 다른 일정으로 대체되는 것을 표현할 때는 代わる를 사용합니다.

충전기가 새것으로 바뀌니 충전이 바로 돼요.

✕ 充電器(じゅうでんき)が新(あたら)しいものに変(か)わったので充電(じゅうでん)がすぐにできます。

✕ 充電器(じゅうでんき)が新(あたら)しいものに代(か)わったので充電(じゅうでん)がすぐにできます。

○ 充電器(じゅうでんき)が新(あたら)しいものに替(か)わったので充電(じゅうでん)がすぐにできます。

사용하던 것이 새것으로 바뀌었음을 표현할 때는 替わる를 사용합니다.

단어 遠足(えんそく) 소풍　室内(しつない) 실내　活動(かつどう) 활동　充電器(じゅうでんき) 충전기　充電(じゅうでん) 충전

의미가 비슷한 일본어 표현들

·음성 듣기·

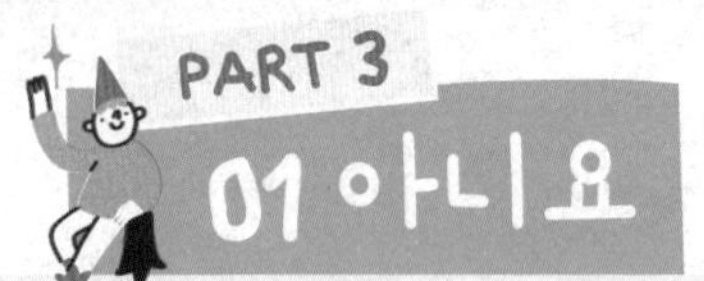

PART 3

01 아니요

いいえ

상대방의 말을 정중하게 부정하거나
반대되는 의견이나 생각을 나타낼 때 쓰는 말

A 今(いま)家(いえ)にいますか？

지금 집에 있어요?

B いいえ、まだ外(そと)にいます。

아니요, 아직 밖에 있어요.

A 映画(えいが)はおもしろかったですか？

영화는 재미있었어요?

B いいえ、思(おも)ったよりつまらなくて残念(ざんねん)でした。

아니요, 생각보다 재미없어서 아쉬웠어요.

단어 思(おも)ったより 생각보다 つまらない 재미없다, 시시하다

違(ちが)います

❶ A와 B 사이에 차이가 있음을 나타내는 말
❷ 어떤 내용이 사실과 다르다는 것을 나타내는 말

A 昨日(きのう)なくした財布(さいふ)、もしかしてこれですか?

어제 잃어버린 지갑 혹시 이건가요?

B 違(ちが)います。これはわたしの財布(さいふ)ではありません。

아니요. 이것은 제 지갑이 아니에요.

A さっきわたしの陰口(かげぐち)言(い)ってたんじゃない?

아까 내 험담 했던 것 아니야?

B 違(ちが)いますよ!陰口(かげぐち)なんて一言(ひとこと)も言(い)ってません。

아니에요! 험담이라니, 한마디도 안 했어요.

팁 **違います**는 **いいえ**보다 분명하게 차이가 있다거나 상대방이 틀렸음을 강하게 표현하는 뉘앙스가 있습니다.

단어 **もしかして** 혹시, 어쩌면 **さっき** 아까 **陰口(かげぐち)** 뒷욕, 험담 **~なんて** ~라니, ~따위 **一言(ひとこと)** 한마디

상대방의 질문에 부정으로 대답할 때 1

昼食(ちゅうしょく)は食(た)べましたか?

점심은 먹었어요?

O **いいえ、これから食(た)べようと思(おも)います。**

아니요, 이제 먹으려고요.

X **違(ちが)います。これから食(た)べようと思(おも)います。**

상대방의 질문을 정중하게 부정할 때는 いいえ를 사용합니다. 違います라고 하면 상대방의 말을 강하게 부정하는 뉘앙스가 있어 사용에 주의해야 합니다.

단어 昼食(ちゅうしょく) 중식, 점심식사

상대방의 질문에 부정으로 대답할 때 2

中村(なかむら)さん、鈴木先輩(すずきせんぱい)と付(つ)き合(あ)ってるって本当(ほんとう)？

나카무라 씨, 스즈키 선배랑 사귄다는 거 진짜야?

✕ **いいえ、ただのうわさなので誤解(ごかい)しないでください。**

○ **違(ちが)いますよ！ただのうわさなので誤解(ごかい)しないでください。**

아니에요! 그냥 소문이니까 오해하지 마세요.

상대방의 말에 강한 부정을 나타낼 때는 違います를 사용합니다. 違います는 상대방이 틀렸다는 것을 주장하는 뉘앙스가 있어 오해를 받을 때 등 감정적으로 이야기하는 상황에서 많이 쓰입니다.

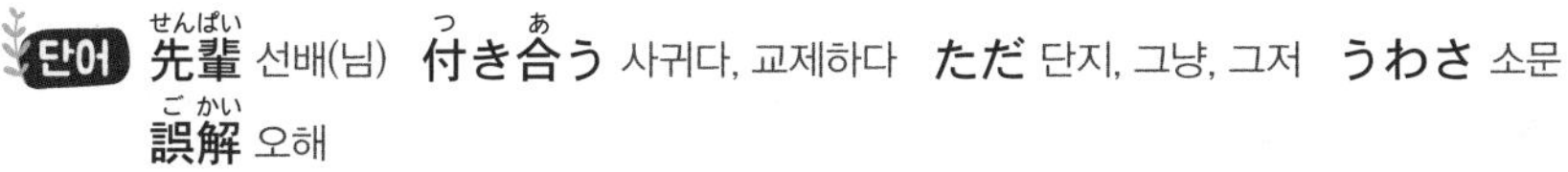
단어 先輩(せんぱい) 선배(님) 付(つ)き合(あ)う 사귀다, 교제하다 ただ 단지, 그냥, 그저 うわさ 소문
誤解(ごかい) 오해

02 재미있다, 즐겁다

おもしろい

❶ 마음이 끌리는 상태 또는 흥미가 있다고 느끼는 것
❷ 재미있는 상황임을 표현하는 것

大学(だいがく)の授業(じゅぎょう)はどれもおもしろいです。

대학교의 수업은 다 재미있습니다.

今日(きょう)見(み)た映画(えいが)はとてもおもしろくて何度(なんど)も笑(わら)ってしまいました。

오늘 본 영화는 정말 재미있어서 몇 번이나 웃어 버렸어요.

팁 おもしろい는 특히 어떤 것의 내용에 대해 말할 때 사용합니다.

단어 授業(じゅぎょう) 수업 どれも 어느 것이나, 다

楽(たの)しい

흡족하여 즐거운 상태 또는 마음이 설레는 것

福岡(ふくおか)に旅行(りょこう)に行(い)って、とても楽(たの)しい毎日(まいにち)を過(す)ごしました。

후쿠오카에 여행을 가서 아주 즐거운 하루하루를 보냈어요.

今日(きょう)は久(ひさ)しぶりに会(あ)えて本当(ほんとう)に楽(たの)しかったよ！

오늘은 오랜만에 만나서 정말 즐거웠어!

팁 楽しい는 おもしろい보다 말하는 사람의 기분이나 감정 상태를 더 드러내는 표현입니다.

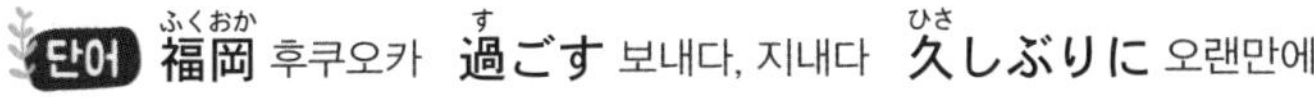
단어 福岡(ふくおか) 후쿠오카 過(す)ごす 보내다, 지내다 久(ひさ)しぶりに 오랜만에

비교

이 만화는 정말 재미있어요.

○ この漫画(まんが)はとてもおもしろいです。

× この漫画(まんが)はとても楽(たの)しいです。

만화의 내용에 흥미를 느끼거나 재미있는 내용이라고 말할 때는 おもしろい를 사용합니다.

즐거운 주말 보내세요.

× おもしろい週末(しゅうまつ)を過(す)ごしてくださいね。

○ 楽(たの)しい週末(しゅうまつ)を過(す)ごしてくださいね。

즐겁거나 신이 나는 상태를 표현할 때는 楽しい를 사용합니다.

단어 漫画(まんが) 만화(책) 週末(しゅうまつ) 주말 過(す)ごす 보내다, 지내다

이 사람의 이야기는 정말 재미있어서 시간이 금방 지나가요.

この人(ひと)の話(はなし)はとてもおもしろくて時間(じかん)がすぐに過(す)ぎてしまいます。

この人(ひと)の話(はなし)はとても楽(たの)しくて時間(じかん)がすぐに過(す)ぎてしまいます。

話がおもしろい라고 하면 이야기의 내용이 흥미롭거나 웃기다는 것을 뜻하고, 話が楽しい라고 하면 이야기를 하는데 즐거운 마음이 든다는 것을 나타냅니다.

簡単だ

❶ 단순하고 이해하기 쉬움

❷ 시간이 덜 걸리거나 힘이 덜 들어서 편하게 할 수 있음

今回の試験は思ったより簡単でした。

이번 시험은 생각보다 쉬웠어요.

新製品について今日は簡単にご説明いたします。

신제품에 대해서 오늘은 간단하게 설명해 드리겠습니다.

朝はいつも簡単にパンを食べます。

아침은 항상 간단히 빵을 먹어요.

단어 思ったより 생각보다　新製品 신제품

やさしい

❶ 내용이 쉬워서 바로 이해할 수 있음
❷ 외우고 익히는 것이 쉬움

こどもにはもう少(すこ)しやさしい言葉(ことば)で話(はな)してあげるのがいいと思(おも)います。

아이에게는 조금 더 쉬운 말로 이야기해주는 것이 좋다고 생각해요.

これは初心者(しょしんしゃ)でも踊(おど)れるくらいやさしいダンスですね。

이것은 초보자도 출 수 있을 정도로 쉬운 춤이네요.

팁 やさしい는 초보자나 아이들이 하기에 적합하다는 뉘앙스가 있습니다.

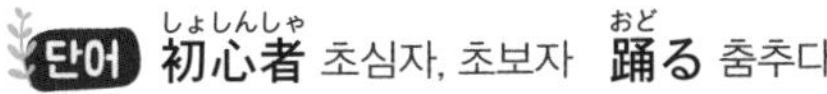
단어 初心者(しょしんしゃ) 초심자, 초보자 踊(おど)る 춤추다

やすい

❶ 번거롭지 않아 용이하게 할 수 있음
❷ 어떤 상태나 상황이 되기 쉬움
❸ 어떤 행동을 하기가 편함

インターネットバンキングは送金(そうきん)しやすいです。

인터넷 뱅킹은 송금하기 쉬워요.

冬(ふゆ)は風邪(かぜ)をひきやすい時期(じき)です。

겨울은 감기에 걸리기 쉬운 시기입니다.

このテレビは画面(がめん)が大(おお)きくて見(み)やすいですね。

이 텔레비전은 화면이 커서 보기 편하네요.

팁 やすい는 동사와 붙여서 ～やすい라는 문형으로 쓰입니다.

단어 インターネットバンキング 인터넷 뱅킹 送金(そうきん) 송금 風邪(かぜ)をひく 감기에 걸리다 時期(じき) 시기, 때 画面(がめん) 화면

비교

이 침대는 혼자서도 쉽게 조립할 수 있습니다.

O このベッドは一人(ひとり)でも簡単(かんたん)に組(く)み立(た)てることができます。

△ このベッドは一人(ひとり)でもやさしく組(く)み立(た)てることができます。

△ このベッドは一人(ひとり)でもやすく組(く)み立(た)てることができます。

보통 '쉽다'라는 말을 할 때는 簡単だ를 많이 씁니다. 그 이유는 やさしい는 優しい(다정하다/상냥하다)와 발음이 같고 やすい는 安い(싸다/저렴하다)와 발음이 같아서 헷갈리지 않게 하기 위해서입니다.

경험자가 아니어도 할 수 있는 쉬운 일입니다.

O 経験者(けいけんしゃ)ではなくてもできる簡単(かんたん)な仕事(しごと)です。

O 経験者(けいけんしゃ)ではなくてもできるやさしい仕事(しごと)です。

X 経験者(けいけんしゃ)ではなくてもできるやすい仕事(しごと)です。

簡単な仕事라고 하면 단순하고 쉬운 일이라는 뉘앙스가 있고 やさしい仕事라고 하면 이해하기 쉬워서 바로 수행할 수 있다는 뉘앙스가 있습니다. やすい는 명사 앞에 붙여서 사용하면 '싸다/저렴하다'라는 의미와 헷갈릴 수 있어 잘 사용하지 않습니다.

단어 組(く)み立(た)てる 조립하다, 구성하다 経験者(けいけんしゃ) 경험자

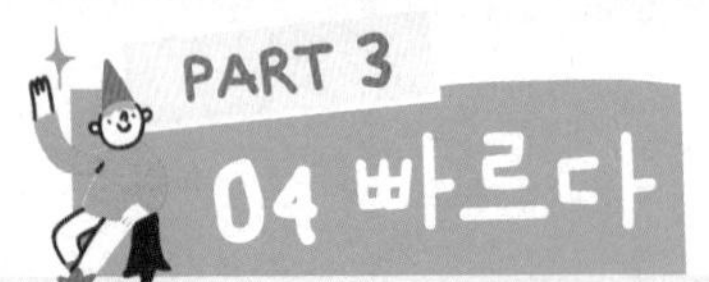

速い(はや)

❶ 움직이는 속도가 빠른 것
❷ 무언가를 하는 데에 걸리는 시간이 짧고 동작이나 진행이 신속한 것

わたしの兄(あに)は走(はし)るのがとても速(はや)いです。

우리 형은 달리기가 아주 빨라요.

先生(せんせい)の説明(せつめい)が速(はや)すぎて授業(じゅぎょう)についていけませんでした。

선생님의 설명이 너무 빨라서 수업에 따라갈 수 없었어요.

단어 授業(じゅぎょう) 수업 つく 따르다, 뒤따르다

早い（はや）

❶ 어떠한 기준보다 시간이나 시기가 이른 것
❷ 무언가를 하기에는 시기가 이른 것
❸ 시간의 경과가 빠른 것, 어떤 시기가 빨리 오는 것

家（いえ）から会社（かいしゃ）まで遠（とお）いのでいつも朝早（あさはや）い時間（じかん）に出発（しゅっぱつ）します。

집에서 회사까지 멀기 때문에 항상 아침 이른 시간에 출발해요.

留学（りゅうがく）をあきらめるのはまだ早（はや）すぎると思（おも）うよ。

유학을 포기하는 것은 아직 너무 이르다고 생각해.

わたしは寒（さむ）がりなので、早（はや）く春（はる）になってほしいと思（おも）います。

저는 추위를 잘 타서 빨리 봄이 되면 좋겠다고 생각해요.

단어 留学（りゅうがく） 유학　あきらめる 포기하다　寒（さむ）がり 추위를 많이 탐, 또는 그런 사람

선배는 항상 일 처리가 빨라요.

⭕ 先輩(せんぱい)はいつも仕事(しごと)が**速(はや)いです**。

❌ 先輩(せんぱい)はいつも仕事(しごと)が**早(はや)いです**。

일을 처리하는 속도가 빠르다는 것을 표현할 때는 速い를 사용합니다.

오늘은 일이 일찍 끝났어요.

❌ 今日(きょう)は仕事(しごと)が**速(はや)く**終(お)わりました。

⭕ 今日(きょう)は仕事(しごと)が**早(はや)く**終(お)わりました。

늘 끝나는 시간보다 일찍 일이 끝났다는 것을 표현할 때는 早い를 사용합니다.

단어 先輩(せんぱい) 선배(님)

빨리 어른이 되고 싶어요.

✕ 速く大人になりたいです。(はや / おとな)

○ 早く大人になりたいです。(はや / おとな)

어떤 시기나 시간이 빨리 오는 것을 표현할 때는 早い를 사용합니다.

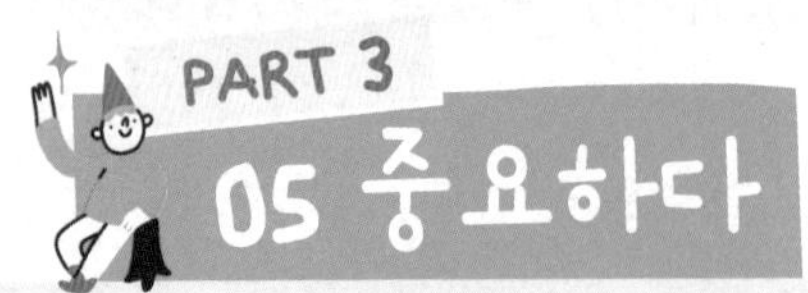

PART 3 05 중요하다

大切(たいせつ)だ

❶ 내가 가치 있다고 생각하는 것 또는 내가 필요로 하는 것
❷ 애착이 있거나 없으면 안 된다는 마음이 드는 것

わたしにとってペットは大切(たいせつ)な家族(かぞく)だ。

나에게 있어서 반려동물은 소중한 가족이다.

こどもが小(ちい)さいときに書(か)いてくれた手紙(てがみ)を今(いま)でも大切(たいせつ)に持(も)っています。

아이가 어렸을 때 써준 편지를 지금도 소중하게 가지고 있어요.

友(とも)だちはなくてはならない大切(たいせつ)な存在(そんざい)です。

친구는 없어서는 안 될 소중한 존재예요.

팁 大切だ는 주관적인 의미로 사용됩니다.

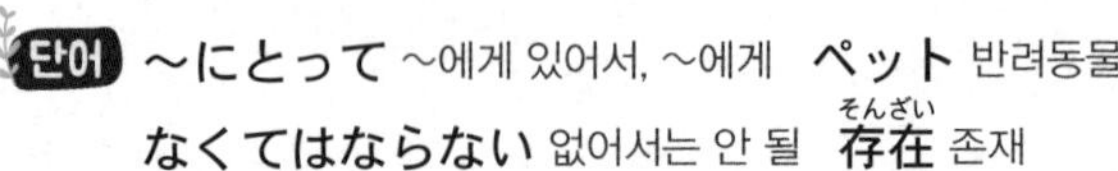

단어 ～にとって ～에게 있어서, ～에게　ペット 반려동물
なくてはならない 없어서는 안 될　存在(そんざい) 존재

大事(だいじ)だ

❶ 나에게 필요한 것을 신경 써서 다루는 것
❷ 객관적으로 봤을 때도 중요하다고 여겨지는 것

これは明日(あした)の会議(かいぎ)で使(つか)う大事(だいじ)な書類(しょるい)です。

이것은 내일 회의에서 사용할 중요한 서류입니다.

今(いま)から話(はな)すことはとても大事(だいじ)なことなので必(かなら)ずメモしてください。

지금부터 이야기할 것은 매우 중요한 것이기 때문에 반드시 메모해 주세요.

> 팁 **大事だ**는 **重要(じゅうよう)だ**보다 부드러운 뉘앙스가 있어 일상 회화에서 그 대신에 사용하기도 합니다.

> 팁 **お大事に**(몸 조심하세요)라고 하면 건강에 신경을 써서 몸을 챙기라는 뜻으로 주로 아픈 사람에게 전하는 인사말로 사용합니다.

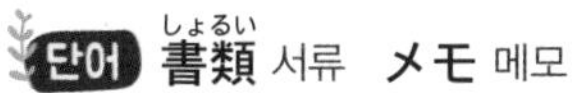

단어 書類(しょるい) 서류　メモ 메모

重要(じゅうよう)だ

❶ 객관적으로 봤을 때 가치가 있다고 여겨지는 것
❷ 사회적으로 중요하다고 여겨지는 것

これは会社(かいしゃ)の経営(けいえい)に関(かか)わる重要(じゅうよう)な問題(もんだい)です。

이것은 회사 경영에 관한 중요한 문제입니다.

この寺(てら)は重要(じゅうよう)文化財(ぶんかざい)に指定(してい)されています。

이 절은 중요문화재로 지정되어 있습니다.

팁 **重要**는 な형용사로도 사용하지만 위의 예문과 같이 명사로서 명사와 붙여서 쓰는 경우도 많습니다.

단어 **経営(けいえい)** 경영 **関(かか)わる** 관계되다, 관련하다 **寺(てら)** 절 **文化財(ぶんかざい)** 문화재 **指定(してい)** 지정

엄마가 주신 지갑을 지금도 소중히 쓰고 있어요.

○ 母(はは)がくれた財布(さいふ)を今(いま)でも大切(たいせつ)に使(つか)っています。

○ 母(はは)がくれた財布(さいふ)を今(いま)でも大事(だいじ)に使(つか)っています。

× 母(はは)がくれた財布(さいふ)を今(いま)でも重要(じゅうよう)に使(つか)っています。

어떤 물건에 애착을 가지고 있다고 표현할 때나 소중히 아낀다고 표현할 때는 大切だ를 사용하고, 그 물건을 중요하게 여겨 조심해서 다룬다는 뉘앙스로 말할 때는 大事だ를 사용합니다. 重要だ는 重要に～する(동사)의 형태로 사용하지 않습니다.

이것은 국가 안전에 있어서 아주 중요한 정보입니다.

× これは国家(こっか)の安全(あんぜん)にとってとても大切(たいせつ)な情報(じょうほう)です。

○ これは国家(こっか)の安全(あんぜん)にとってとても大事(だいじ)な情報(じょうほう)です。

○ これは国家(こっか)の安全(あんぜん)にとってとても重要(じゅうよう)な情報(じょうほう)です。

大切な情報는 개인적으로 그 정보의 내용이 소중하고 가치가 있다고 느끼는 주관적인 뉘앙스가 있기 때문에 위 예문에는 맞지 않습니다. 大事な情報는 객관적으로 봤을 때도 중요하다고 느껴지는 뉘앙스가 있습니다. 그리고 重要な情報라고 하면 정보 내용이 객관적으로 봤을 때도 중요하고 다소 무게가 있는 뉘앙스가 있습니다.

단어 国家(こっか) 국가　安全(あんぜん) 안전　～にとって ～에게 있어서, ～에게　情報(じょうほう) 정보

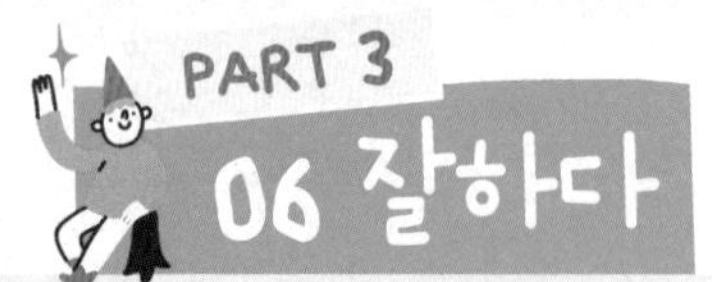

06 잘하다

得意(とくい)だ

스스로 잘한다고 판단할 때 사용하는 말

わたしは料理(りょうり)が得意(とくい)です。

저는 요리를 잘합니다.

わたしは人(ひと)の名前(なまえ)をすぐに覚(おぼ)えることが得意(とくい)です。

저는 사람 이름을 바로 외우는 것을 잘합니다.

팁 **得意**는 나의 기량에 대해 자신감을 가지고 있거나 나의 기량이 뛰어나다는 것을 스스로 느끼고 있음을 나타내는 말로, 주로 본인의 이야기를 할 때 사용합니다.

上手(じょうず)だ

결과물을 보고 상대방의 기량이나 능력을
객관적으로 평가해서 칭찬할 때 사용하는 말

わたしの姉(あね)は運転(うんてん)がとても上手(じょうず)です。

우리 언니는 운전을 매우 잘해요.

話(はなし)が上手(じょうず)な人(ひと)はとてもうらやましいです。

말을 잘하는 사람이 정말 부러워요.

팁 上手だ는 보통 자신에 대해서는 사용하지 않고,
상대방이나 타인에 대해 사용하는 말입니다.

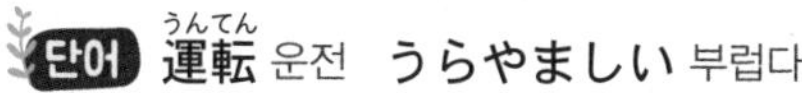
단어 運転(うんてん) 운전　うらやましい 부럽다

저는 줄넘기를 잘해요.

O わたしはなわとびが得意(とくい)です。

X わたしはなわとびが上手(じょうず)です。

본인이 잘한다고 자신 있게 이야기할 때는 得意だ를 사용합니다. 上手だ를 사용하게 되면 스스로를 칭찬하는 뉘앙스가 됩니다.

노래를 아주 잘하네요.

X 歌(うた)歌(うた)うの、とても得意(とくい)ですね。

O 歌(うた)歌(うた)うの、とても上手(じょうず)ですね。

누군가의 노래를 듣고 객관적으로 좋게 평가해서 칭찬할 때는 上手だ를 사용합니다.

단어 なわとび 줄넘기

잘하는 것은 뭐예요?

Q 得意(とくい)なことはなんですか？

✕ 上手(じょうず)なことはなんですか？

상대방에게 스스로 잘한다고 생각하는 것을 물을 때는 得意だ를 사용합니다. 상대방이 자신의 능력이나 기량을 스스로 판단해 대답해야 하므로 이때에는 上手だ를 사용하지 않습니다.

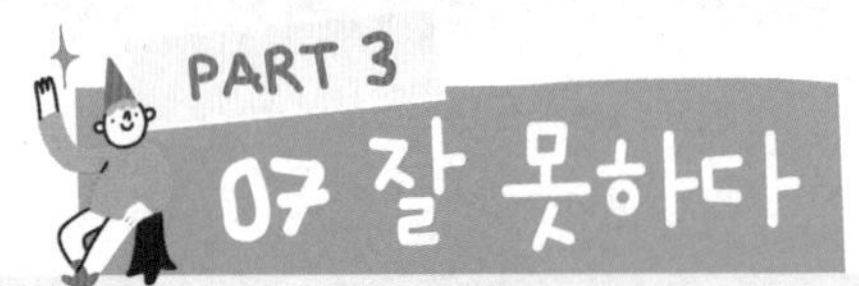

苦手(にがて)だ

❶ 잘 못하며 별로 좋아하지 않음
❷ 어떤 대상에 거부감을 느끼는 것
❸ 나와 잘 맞지 않아 싫은 것

わたしは人見知り(ひとみしり)なので人前(ひとまえ)で発表(はっぴょう)するのが苦手(にがて)です。

저는 낯을 가려서 사람들 앞에서 발표하는 것을 잘 못해요.

わたしはこどものころから納豆(なっとう)が苦手(にがて)です。

저는 어렸을 때부터 낫토를 좋아하지 않아요.

会社(かいしゃ)に苦手(にがて)な先輩(せんぱい)がいて、会社(かいしゃ)に行(い)くのがいやになります。

회사에 나와 잘 맞지 않는 선배가 있어서 회사에 가는 것이 싫어져요.

단어 人見知り(ひとみしり) 낯가림 人前(ひとまえ) 남의 앞, 사람들이 있는 곳 発表(はっぴょう) 발표 納豆(なっとう) 낫토 先輩(せんぱい) 선배(님) いやになる 싫어지다

下手(へた)だ

좋고 싫음에 상관없이 기량이 낮은 것을 의미하는 말

わたしは絵(え)を描(か)くのが下手(へた)です。

저는 그림 그리는 것을 잘 못해요.

俳優(はいゆう)の演技(えんぎ)が下手(へた)でドラマがおもしろくありません。

배우의 연기가 서툴러서 드라마가 재미있지 않아요.

팁 下手だ는 기량이 뒤떨어짐을 나타내는 말로 본인에 대해서는 물론 상대방의 기량을 평가할 때도 사용할 수 있습니다.

단어 絵(え)を描(か)く 그림을 그리다 俳優(はいゆう) 배우 演技(えんぎ) 연기

비교

저는 수영을 잘 못해요.

O わたしは水泳(すいえい)が苦手(にがて)です。

O わたしは水泳(すいえい)が下手(へた)です。

水泳が下手だ는 단순히 수영 실력이 좋지 않다는 것을 표현하고 水泳が苦手だ는 수영 실력도 좋지 않고 수영하는 것 자체도 별로 좋아하지 않는다는 뉘앙스가 있습니다.

저는 파의 식감을 별로 안 좋아해요.

O わたしはねぎの食感(しょっかん)が苦手(にがて)です。

X わたしはねぎの食感(しょっかん)が下手(へた)です。

어떤 대상에 거부감을 느끼는 것을 말할 때는 苦手だ를 사용합니다.

단어 水泳(すいえい) 수영 ねぎ 파 食感(しょっかん) 식감

아직 잘 못하지만 피아노를 치는 것은 좋아해요.

✕ まだまだ苦手(にがて)だけどピアノを弾(ひ)くのは好(す)きです。

○ まだまだ下手(へた)だけどピアノを弾(ひ)くのは好(す)きです。

잘하지는 못 하지만 좋아하거나 재미를 느낀다고 말할 때, 단순히 기량이 낮은 것을 표현할 때는 下手だ를 사용합니다. 苦手だ는 잘하지도 못 하고 좋아하지 않거나 거부감을 느끼는 것을 말합니다.

단어 まだまだ 아직, 아직도 ピアノを弾(ひ)く 피아노를 치다

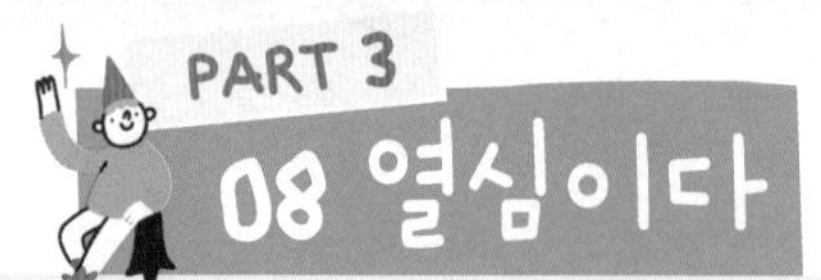

熱心(ねっしん)だ

❶ 어떤 것 하나에 집중해서 임하려는 마음가짐
❷ 계속 의욕을 가지고 임하려는 마음가짐

新(あたら)しく入社(にゅうしゃ)した佐藤(さとう)さんは仕事(しごと)にとても熱心(ねっしん)な人(ひと)です。

새로 입사한 사토 씨는 일에 매우 열심인 사람이에요.

彼(かれ)は熱心(ねっしん)にピアノの練習(れんしゅう)をして大会(たいかい)で優勝(ゆうしょう)することができました。

그는 열심히 피아노 연습을 해서 대회에서 우승할 수 있었어요.

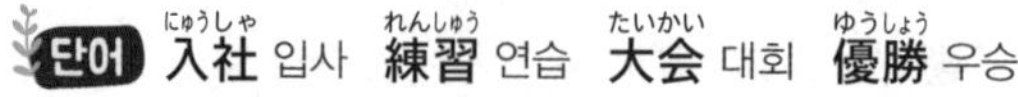

一生懸命(いっしょうけんめい)

온 힘을 다해 무언가에 임하는 것

資格(しかく)をとるために3ヶ月間(さんかげつかん)一生懸命(いっしょうけんめい)勉強(べんきょう)しました。

자격증을 따기 위해서 3개월간 열심히 공부했습니다.

わたしは大学(だいがく)に入学(にゅうがく)したら勉強(べんきょう)だけではなく、バイトも一生懸命(いっしょうけんめい)したいと思(おも)っています。

저는 대학교에 입학하면 공부뿐만 아니라 아르바이트도 열심히 하려고 합니다.

단어 資格(しかく)をとる 자격(증)을 따다　バイト(= アルバイト) 아르바이트, 파트타임

夢中だ（むちゅうだ）

❶ 다른 것이 눈에 들어오지 않을 만큼 무언가에 빠져버리는 것
❷ 공포심이나 조급한 마음으로 정신을 놓고 무언가를 하는 것

わたしの姉（あね）は10年以上（じゅうねんいじょう）ロックバンドに夢中（むちゅう）になっています。

우리 언니는 10년 이상 록 밴드에 푹 빠져 있어요.

夢中（むちゅう）になってパズルをしていたら、完成（かんせい）した時（とき）にはもう夜（よる）になっていました。

푹 빠져서 퍼즐을 하다 보니 완성했을 때는 이미 밤이 되어 있었어요.

怪物（かいぶつ）に追（お）いかけられて夢中（むちゅう）で逃（に）げる夢（ゆめ）を見（み）ました。

괴물에게 쫓겨서 정신없이 도망치는 꿈을 꿨어요.

단어 ロックバンド 록밴드　パズル 퍼즐, 수수께끼　完成（かんせい） 완성　怪物（かいぶつ） 괴물
追（お）いかける 뒤쫓다　逃（に）げる 도망치다

이 학원 선생님은 정말 열심히 가르쳐주세요.

O この塾(じゅく)の先生(せんせい)はとても**熱心(ねっしん)に**教(おし)えてくれます。

O この塾(じゅく)の先生(せんせい)はとても**一生懸命(いっしょうけんめい)に**教(おし)えてくれます。

X この塾(じゅく)の先生(せんせい)はとても**夢中(むちゅう)で**教(おし)えてくれます。

무언가를 열심히 한다는 것을 말할 때는 熱心だ와 一生懸命를 사용합니다. 熱心に教える라고 하면 열심히 가르치려는 마음가짐에 초점을 둔 표현이 되고, 一生懸命に教える라고 하면 온 힘을 다해 열심히 가르친다는 뉘앙스로 행동에 초점을 둔 표현이 됩니다.

수영대회에서 끝까지 열심히 헤엄쳤어요.

X 水泳大会(すいえいたいかい)で最後(さいご)まで**熱心(ねっしん)に**泳(およ)ぎました。

O 水泳大会(すいえいたいかい)で最後(さいご)まで**一生懸命(いっしょうけんめい)**泳(およ)ぎました。

X 水泳大会(すいえいたいかい)で最後(さいご)まで**夢中(むちゅう)で**泳(およ)ぎました。

대회나 경기 등에서 어떤 동작을 열심히 한다고 할 때는 보통 一生懸命를 사용합니다. 熱心だ는 열심히 하려는 마음가짐을 표현하는 말로 동작 자체를 열심히 한다고 할 때는 잘 사용하지 않습니다. 또 夢中だ는 주변이 안 보일 정도로 무언가에 푹 빠져 있는 것을 표현하는 말로 여기서는 적합하지 않습니다.

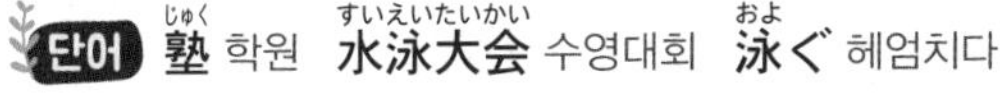
단어 塾(じゅく) 학원 水泳大会(すいえいたいかい) 수영대회 泳(およ)ぐ 헤엄치다

たくさん

❶ 수량이 많음
❷ 너무 많아서 더 이상은 필요가 없음
❸ 충분히 해서 더 이상 하고 싶지 않거나 할 필요가 없음

わたしの家(いえ)の周(まわ)りには猫(ねこ)がたくさんいます。

우리집 주변에는 고양이가 많이 있어요.

おかずはもうたくさんです。

반찬은 이제 더 필요 없어요.

この話(はなし)でケンカをするのはもうたくさんです。

이 얘기로 싸우는 것은 더는 하고 싶지 않아요.

팁 たくさん은 사람과 사물에 상관없이 폭넓게 사용할 수 있는 말입니다.

단어 周(まわ)り 주변, 주위　おかず 반찬　ケンカ 싸움, 다툼

いっぱい

❶ 어떤 것이 넘칠 만큼 충분히 있음, 꽉 참
❷ 이미 충분해서 더 이상은 필요가 없음

このお店(みせ)はとても人気(にんき)があって平日(へいじつ)もお客(きゃく)さんでいっぱいです。

이 가게는 매우 인기가 있어서 평일에도 손님으로 가득해요.

ラーメンのスープまで全部(ぜんぶ)飲(の)んだのでお腹(なか)がいっぱいです。

라면 국물까지 전부 먹어서 배가 불러요.

やることが多(おお)すぎていっぱいいっぱいです。

할 일이 너무 많아서 벅차요.

팁 **いっぱい**는 셀 수 있는 것뿐만 아니라 액체와 같이 셀 수 없는 것에도 쓸 수 있고, 사람과 사물에 모두 사용 가능한 말입니다. **いっぱい**는 다소 가벼운 뉘앙스가 있어 공적인 자리보다는 일상 회화에서 더 많이 쓰입니다.

팁 **いっぱいいっぱいだ**와 같이 두 번 반복하면 '더 이상은 필요 없다' 또는 '더 이상은 불가능하다'라는 뜻으로 부정적인 뉘앙스를 가진 표현이 됩니다.

단어 人気(にんき) 인기 平日(へいじつ) 평일 スープ 수프, 국물

주먹밥을 너무 많이 만들었어요.

O おにぎりをたくさん作(つく)りすぎてしまいました。

O おにぎりをいっぱい作(つく)りすぎてしまいました。

주먹밥이 많다고 할 때는 たくさん과 いっぱい 둘 다 쓸 수 있습니다. いっぱい는 たくさん에 비해 더 가벼운 뉘앙스로 일상 회화에서 많이 사용합니다.

저는 많은 사람들 앞에서 발표할 때 너무 긴장돼요.

O 私(わたし)はたくさんの人(ひと)の前(まえ)で発表(はっぴょう)する時(とき)、とても緊張(きんちょう)します。

X 私(わたし)はいっぱいの人(ひと)の前(まえ)で発表(はっぴょう)する時(とき)、とても緊張(きんちょう)します。

たくさん은 사람과 사물에 두루 사용할 수 있는 표현으로, たくさんの人라고 하면 사람이 많이 있다는 의미가 됩니다. いっぱい는 人がいっぱい라는 표현은 가능하지만 いっぱいの人라고는 하지 않습니다.

단어 おにぎり 주먹밥　発表(はっぴょう) 발표　緊張(きんちょう) 긴장

핑계 따위 더 이상 듣고 싶지 않아!

O 言い訳なんか、もうたくさんだよ！

X 言い訳なんか、もういっぱいだよ！

たくさん과 いっぱい는 둘 다 '더 이상 필요가 없다'라는 것을 나타내는 표현이지만 '더 이상 하고 싶지 않다'라는 감정을 나타낼 때는 たくさん이 적합합니다. 예문과 같이 もう를 붙여서 말하면 화자에 감정을 더 강조하는 느낌을 줍니다.

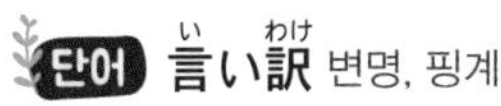
단어 言い訳 변명, 핑계

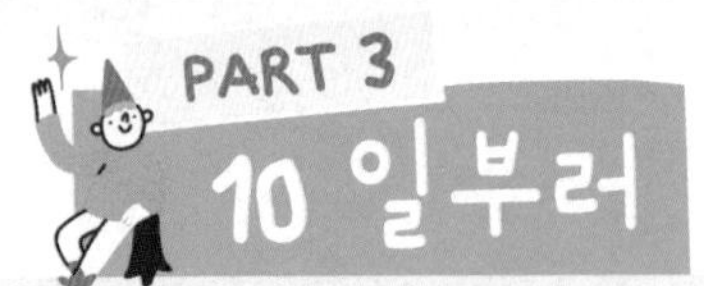

わざと

고의적으로 또는 의도적으로 무언가를 하는 것

誰(だれ)かがインターホンを押(お)したが、わざと留守(るす)のふりをした。

누군가가 인터폰을 눌렀지만 일부러 집에 없는 척을 했다.

先生(せんせい)と目(め)が合(あ)ったのにわざと目(め)をそらしました。

선생님과 눈이 마주쳤는데 일부러 눈을 피했어요.

단어 **誰(だれ)か** 누군가 **インターホン** 인터폰 **留守(るす)** 부재 중, 자리를 비움
〜ふり 〜하는 척, 〜인 척 **目(め)が合(あ)う** 눈이 맞다, 시선이 마주치다
そらす 딴 데로 돌리다, 피하다

わざわざ

누군가 또는 무언가를 위해 굳이 하는 것

わざわざこんなに遠(とお)いところまで来(き)てくれてありがとう。

일부러 이렇게 먼 곳까지 와 줘서 고마워.

早(はや)く帰(かえ)ってくると思(おも)ってわざわざご飯(はん)の準備(じゅんび)したのに…。

빨리 돌아올 거라고 생각해서 일부러 식사 준비했는데….

팁 **わざわざ**는 고생을 하더라도 기어코 그 일을 하거나, 꼭 해야 하는 것은 아니지만 특별히 무언가를 한다는 뉘앙스로 쓰입니다.

비교

내가 당근 싫어하는 거 알면서 일부러 카레에 넣었지?

O わたしがニンジン嫌(きら)いなの知(し)っててわざとカレーに入(い)れたでしょ？

X わたしがニンジン嫌(きら)いなの知(し)っててわざわざカレーに入(い)れたでしょ？

누가 고의적으로 또는 의도적으로 어떤 행동을 했음을 표현할 때는 わざと를 사용합니다. わざと는 위 문장처럼 부정적인 내용에 사용되는 경우가 많습니다.

일부러 선물까지, 정말 고마워.

X わざとプレゼントまで、本当(ほんとう)にありがとう。

O わざわざプレゼントまで、本当(ほんとう)にありがとう。

わざわざ는 어떤 행동을 꼭 해야 하는 것은 아니지만 특별히 신경 써서 했을 때, 그런 행동을 해준 사람에게 고마움이나 미안함을 전할 때 사용합니다.

단어 ニンジン 당근

세일 상품을 사기 위해서 일부러 개점 시간에 맞춰서 가게로 갔는데 정기휴일이었어요.

✕ セール品(ひん)を買(か)うためにわざとオープン時間(じかん)に合(あ)わせてお店(みせ)に行(い)ったのに定休日(ていきゅうび)でした。

○ セール品(ひん)を買(か)うためにわざわざオープン時間(じかん)に合(あ)わせてお店(みせ)に行(い)ったのに定休日(ていきゅうび)でした。

무언가를 위해 어떤 행동을 굳이 또는 특별히 하는 것을 표현할 때는 わざわざ를 사용합니다.

セール品(ひん) 세일 상품, 할인 상품　オープン 개점, 개업　合(あ)わせる 맞추다
定休日(ていきゅうび) 정기 휴일

ちゃんと

❶ 대충하지 않고 정확하게 하는 것
❷ 누가 봐도 부끄럽지 않은 것 또는 훌륭하다고 생각하는 것
❸ 옷 따위를 상황에 맞게 착용하는 것

ご飯(はん)はちゃんと座(すわ)って食(た)べなさい。

밥은 똑바로 앉아서 먹어라.

大人(おとな)にはちゃんと挨拶(あいさつ)をするのが礼儀(れいぎ)です。

어른에게는 똑바로 인사하는 것이 예의입니다.

面接(めんせつ)を受(う)けるときはちゃんとした服装(ふくそう)で行(い)くべきです。

면접을 볼 때는 단정한 복장으로 가야 합니다.

> 팁 ちゃんと는 주로 자세나 외모 등에 관한 것에 많이 사용하는 말입니다.

단어 挨拶(あいさつ) 인사 礼儀(れいぎ) 예의 面接(めんせつ)を受(う)ける 면접을 보다 服装(ふくそう) 복장 ～べき ～해야 함

きちんと

❶ 대충하지 않고 하나하나 꼼꼼히 신경 써서 하는 것
❷ 잘 정돈되어 있거나 단정한 것
❸ 흐트러지지 않고 규칙적인 것

わたしはいつも服(ふく)をきちんとたたんで整理(せいり)します。

저는 항상 옷을 꼼꼼히 개서 정리해요.

使(つか)ったものはもとの場所(ばしょ)へきちんと片付(かたづ)けましょう。

사용한 것은 제자리에 잘 정리합시다.

本(ほん)は番号順(ばんごうじゅん)にきちんと並(なら)べてください。

책은 번호순으로 가지런히 늘어놓아 주세요.

薬(くすり)をきちんと飲(の)んだら早(はや)く治(なお)りますよ。

약을 규칙적으로 먹으면 빨리 나을 거예요.

팁 きちんと는 하나하나 꼼꼼히 신경을 쓰거나 보기에 깔끔한 것 그리고 무언가를 규칙적으로 한다고 표현할 때 많이 사용됩니다.

단어 たたむ 접다, 개다 整理(せいり) 정리 もとの場所(ばしょ) 제자리 片付(かたづ)ける 정리하다, 치우다
～順(じゅん) ～순, ～순서 並(なら)べる 늘어놓다, 나란히 하다 治(なお)る 낫다

しっかり(と)

❶ 대충하지 않고 정확하게 하는 것, 믿음직한 것
❷ 만일의 경우를 생각해서 미리 준비하거나 예방하는 것
❸ 정신을 차리다

佐藤さんは時間をしっかりと守るので信頼できます。

사토 씨는 시간을 정확히 지키기 때문에 신뢰할 수 있어요.

紐がほどけないようにしっかり結んでください。

끈이 풀어지지 않게 단단히 묶어 주세요.

もう大人なんだからしっかりしてよ！

이제 어른이니까 정신 차려야지!

팁 しっかりと는 ちゃんと와 きちんと에 비해 긴장을 늦추지 않고 확실하고 분명하게 무언가를 한다는 뉘앙스가 강합니다. 어미의 と를 생략해서 しっかり라고 해도 됩니다.

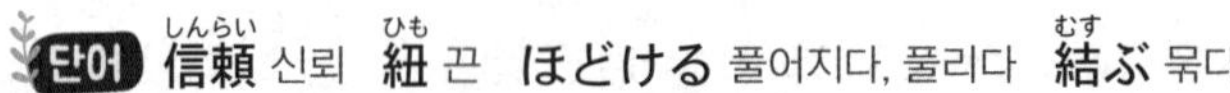
단어 信頼 신뢰 紐 끈 ほどける 풀어지다, 풀리다 結ぶ 묶다

비교

항상 우리 아빠는 똑바로 앉아서 공부하라고 잔소리를 해요.

O いつもうちの父(ちち)はちゃんと座(すわ)って勉強(べんきょう)しろと小言(こごと)を言(い)います。

X いつもうちの父(ちち)はきちんと座(すわ)って勉強(べんきょう)しろと小言(こごと)を言(い)います。

X いつもうちの父(ちち)はしっかり座(すわ)って勉強(べんきょう)しろと小言(こごと)を言(い)います。

자세를 똑바로 한다고 표현할 때는 ちゃんと를 사용합니다.

부모가 되니 앞으로 더 정신 차리고 살아야 한다고 느꼈어요.

X 親(おや)になって、これからもっとちゃんとしないといけないと思(おも)いました。

X 親(おや)になって、これからもっときちんとしないといけないと思(おも)いました。

O 親(おや)になって、これからもっとしっかりしないといけないと思(おも)いました。

정신을 차리고 어떤 행동을 한다고 표현할 때는 주로 しっかり(と)를 사용합니다.

단어 小言(こごと) 잔소리, 불평 親(おや) 어버이, 부모

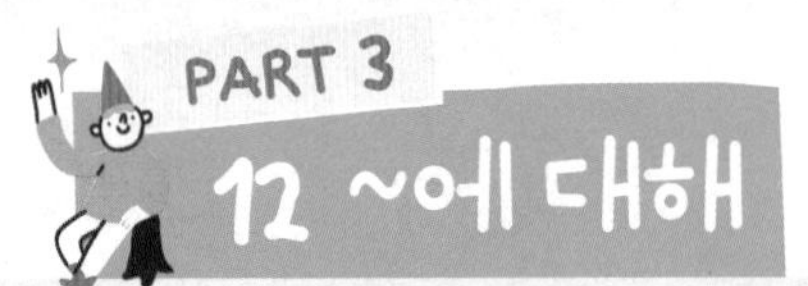

~について

어떤 것에 관련된 주제나 내용을 제시할 때 사용하는 표현

夏休(なつやす)みの課題(かだい)で日本文化(にほんぶんか)について調(しら)べるつもりです。

여름 방학 과제로 일본 문화에 대해 알아보려고 해요.

それではこれから地球温暖化(ちきゅうおんだんか)について発表(はっぴょう)します。

그럼 지금부터 지구온난화에 대해 발표하겠습니다.

> 팁 비슷한 표현으로 **~に関(かん)して**가 있는데 이것은 **~について**보다 딱딱한 표현입니다.

단어 課題(かだい) 과제 つもり 속셈, 생각, 의도 地球温暖化(ちきゅうおんだんか) 지구온난화 発表(はっぴょう) 발표

~に対(たい)して

동작이나 발언 또는 관심이나 감정이
어떤 대상을 향해 있음을 나타내는 표현

20代(にじゅうだい)の女性(じょせい)**に対(たい)して**アンケート調査(ちょうさ)が行(おこな)われました。

20대 여성을 대상으로 설문조사가 시행되었습니다.

住民(じゅうみん)が自治体(じちたい)**に対(たい)して**不満(ふまん)を言(い)いました。

주민들이 자치단체에 대해 불만을 말했습니다.

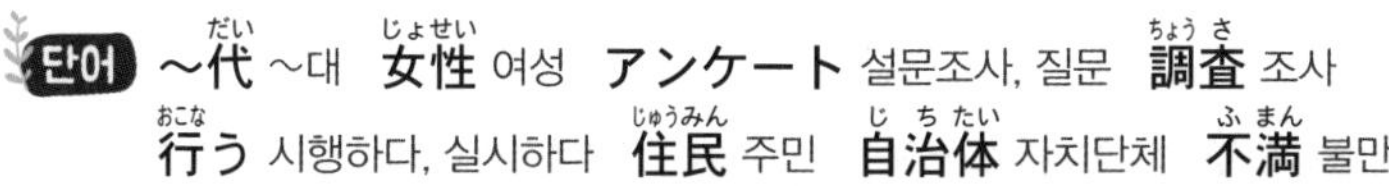
단어 ~代(だい) ~대　女性(じょせい) 여성　アンケート 설문조사, 질문　調査(ちょうさ) 조사
行(おこな)う 시행하다, 실시하다　住民(じゅうみん) 주민　自治体(じちたい) 자치단체　不満(ふまん) 불만

오늘은 환경오염에 대해 다 같이 이야기합시다.

O 今日(きょう)は環境汚染(かんきょうおせん)についてみんなで話(はな)し合(あ)いましょう。

X 今日(きょう)は環境汚染(かんきょうおせん)に対(たい)してみんなで話(はな)し合(あ)いましょう。

'환경오염'이라는 주제를 가지고 서로 이야기한다고 말할 때는 ~について를 사용합니다.

선생님의 질문에 대해 대답했습니다.

X 先生(せんせい)の質問(しつもん)について答(こた)えました。

O 先生(せんせい)の質問(しつもん)に対(たい)して答(こた)えました。

질문에 답하는 것과 같이 질문을 준 대상을 향해 대답한다는 방향성을 나타내기 위해서는 ~に対して를 씁니다.

단어 環境汚染(かんきょうおせん) 환경오염 話(はな)し合(あ)う 서로 이야기하다 質問(しつもん) 질문

사토 씨는 야마다 씨한테 호감을 가지고 있는 것 같아요.

✕ 佐藤さんは山田さんについて好意を持っているようです。

○ 佐藤さんは山田さんに対して好意を持っているようです。

어떤 사람에게 관심을 가진다는 뜻으로 말할 때는 ～に対して를 사용합니다.

단어 好意 호의, 호감

13 ~이어서, ~하니까

~から

어떤 결과나 상황에 대한 이유나 원인을 나타내는 표현

そこは危(あぶ)ないから入(はい)らないでください。

거기는 위험하니까 들어가지 마세요.

出勤時間(しゅっきんじかん)はバスが混(こ)むだろうからあとで乗(の)ろう。

출근시간은 버스가 혼잡할 테니까 나중에 타야지.

팁 **~から**는 나의 생각이나 주장, 판단 등을 강조하고 싶을 때 사용하는 경우가 많아 **~ので**보다 다소 주관적인 뉘앙스가 있습니다. 또 **~から**는 앞에 **~だろう**를 붙여서 불확실한 일에 대해 말할 때도 사용할 수 있습니다.

단어 **出勤(しゅっきん)** 출근 **混(こ)む** 붐비다, 혼잡하다

～ので

어떤 결과나 상황에 대한 이유나 원인을 나타내는 표현

注文(ちゅうもん)したらすぐに届(とど)けてもらえるので、いつもこのサイトを利用(りよう)します。

주문하면 바로 배달 받을 수 있어서 항상 이 사이트를 이용해요.

体調(たいちょう)が悪(わる)いので今日(きょう)は早退(そうたい)させてもらいたいのですが…。

몸 상태가 좋지 않아서 오늘은 조퇴하고 싶습니다만….

팁 ～から보다 부드럽고 정중한 뉘앙스가 있어 회사나 공적인 자리에서 많이 사용됩니다. ～ので는 나의 주장을 부드럽게 전달하거나 ～から에 비해 객관적인 인과 관계를 나타낼 때 사용합니다.

단어 **注文(ちゅうもん)** 주문 **届(とど)ける** 보내다 **サイト** (웹) 사이트 **体調(たいちょう)** 몸 상태 **早退(そうたい)** 조퇴
～させてもらう (허락을 받아) ～하다

～ため

이유나 원인 또는 일어난 일을 묘사하거나 기술할 때 사용하는 표현

大雨(おおあめ)が降(ふ)ったため、各地(かくち)で被害(ひがい)が出(で)ています。

많은 비가 내림으로써 각지에서 피해가 발생하고 있습니다.

急用(きゅうよう)ができたため、本日(ほんじつ)の営業(えいぎょう)は終了(しゅうりょう)いたします。

급한 일이 생겨 오늘 영업은 종료하겠습니다.

> 팁 **～ため**는 다소 딱딱한 말투이지만 상대방에게 신뢰성 있는 정보를 전달한다는 뉘앙스가 있어 뉴스나 보고서 등에 쓰입니다. 그리고 직접 마주하고 있는 상대방에게 이유나 원인을 말한다기보다는 언론이나 서면을 통해 불특정다수에게 전할 때 많이 사용됩니다.

단어 **大雨(おおあめ)** 큰비, 많은 비 **各地(かくち)** 각지 **被害(ひがい)** 피해 **急用(きゅうよう)** 급한 용무 **本日(ほんじつ)** 오늘 **営業(えいぎょう)** 영업 **終了(しゅうりょう)** 종료

잘 안 들려서 그러는데 다시 한번 말씀해주시겠어요?

△ よく聞(き)こえなかったから、もう一度(いちど)話(はな)してくださいますか？

○ よく聞(き)こえなかったので、もう一度(いちど)話(はな)してくださいますか？

× よく聞(き)こえなかったため、もう一度(いちど)話(はな)してくださいますか？

です・ます문형에서 ~から를 사용하면 다소 감정적이거나 예의가 없는 인상을 줄 수 있으니 정중하게 이유를 말하고 싶을 때는 ~ので를 사용하는 것이 좋습니다.

사고가 발생하여 고속도로는 정체되어 있습니다.

× 事故(じこ)が発生(はっせい)したから高速道路(こうそくどうろ)は渋滞(じゅうたい)しています。

○ 事故(じこ)が発生(はっせい)したので高速道路(こうそくどうろ)は渋滞(じゅうたい)しています。

○ 事故(じこ)が発生(はっせい)したため高速道路(こうそくどうろ)は渋滞(じゅうたい)しています。

이유나 원인에 대해 정중하게 이야기할 때는 ~ので를 사용하는 것이 자연스럽고, 뉴스 등에서 보도할 때는 ~ため를 사용하는 것이 자연스럽습니다. ~ため는 확실한 근거가 있거나 신뢰성이 있는 정보라는 뉘앙스가 있어 뉴스나 기사, 안내문 등에 많이 사용합니다.

단어 事故(じこ) 사고 発生(はっせい) 발생 高速道路(こうそくどうろ) 고속도로 渋滞(じゅうたい) 정체

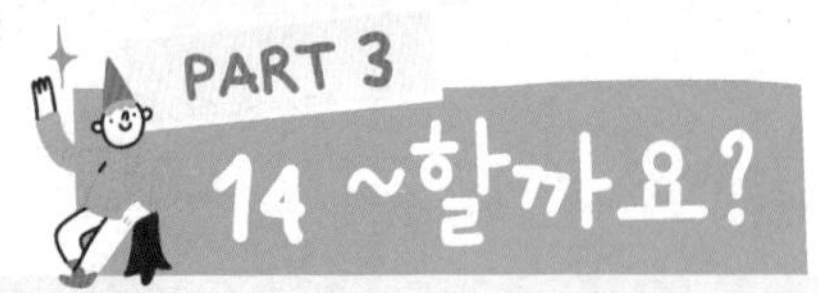

~ませんか

권유를 나타내는 표현

今日(きょう)一緒(いっしょ)に夕飯(ゆうはん)を食(た)べませんか?

오늘 같이 저녁 먹지 않을래요?

ミュージカルのチケットをもらったんですが、一緒(いっしょ)に行(い)きませんか?

뮤지컬 티켓을 받았는데, 같이 가지 않을래요?

> 팁 누군가에게 권유할 때 상대의 생각이나 의사를 물어보기 위해 사용하는 표현입니다. **~ませんか**는 나의 생각이나 주장보다는 상대의 의사를 더 존중하는 뉘앙스가 있습니다.

단어 夕飯(ゆうはん) 저녁(밥) ミュージカル 뮤지컬

～ましょうか

❶ 권유를 나타내는 표현
❷ 도움을 제안하는 표현

もう12時(じゅうにじ)ですね。そろそろお昼(ひる)にしましょうか？

벌써 12시네요. 슬슬 점심식사 할까요?

皿洗い(さらあらい)、わたしが手伝(てつだ)いましょうか？

설거지 제가 도와줄까요?

팁 **～ましょうか**는 **～ませんか**와 달리 어떤 행동을 하는 것이 어느 정도 정해져 있는 상황이거나 나의 생각이나 의견을 수상할 때 많이 쓰입니다.

단어 そろそろ 슬슬　お昼(ひる) 낮, 점심식사　皿洗い(さらあらい) 설거지　手伝(てつだ)う 돕다, 거들다

비교

혹시 괜찮다면 저녁에 영화라도 보러 가지 않을래요?

○ もしよかったら夕方(ゆうがた)映画(えいが)でも見(み)に行(い)きませんか?

× もしよかったら夕方(ゆうがた)映画(えいが)でも見(み)に行(い)きましょうか?

～ませんか는 상대방에게 권유하는 표현이지만 본인의 생각이나 의견을 주장해서 권유한다기보다는 상대방의 생각이나 의사를 물어보고 결정하려고 하는 뉘앙스가 있습니다.

아직 시간도 있으니 영화라도 보러 갈까요?

△ まだ時間(じかん)もあるし映画(えいが)でも見(み)に行(い)きませんか?

○ まだ時間(じかん)もあるし映画(えいが)でも見(み)に行(い)きましょうか?

둘 다 상대방에게 권유하는 표현이지만 ～ませんか는 상대방의 생각이나 의사를 더 중요시하는 뉘앙스이고, ～ましょうか는 본인의 생각이나 의견을 주장하거나 제안해서 같이 무언가를 하려고 유도하는 뉘앙스가 있습니다.

단어 夕方(ゆうがた) 해질녘, 저녁때

그 가방 제가 들어드릴까요?

✕ そのカバン、わたしが持(も)ちませんか？

○ そのカバン、わたしが持(も)ちましょうか？

상대방에게 도움을 줄 것을 제안할 때는 ～ましょうか를 사용합니다.

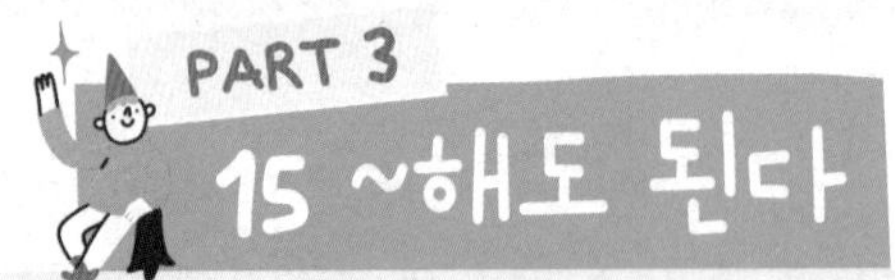

～てもいい

허가 또는 허용을 나타내는 말

少し寒いので、窓を閉めてもいいですか？
(すこ・さむ・まど・し)

조금 추운데 창문을 닫아도 될까요?

カバン、ここにおいてもいい？

가방 여기에 둬도 돼?

팁 주로 일상 회화에서 친한 사람에게 사용하는 표현입니다.

～てもかまわない

허가 또는 허용을 나타내는 말

明日(あした)送(おく)っていただいてもかまわないですよ。

내일 보내주셔도 됩니다.

無理(むり)して召(め)し上(あ)がらなくてもかまいませんよ。

무리해서 드시지 않아도 괜찮습니다.

팁 주로 회사나 공적인 자리에서 사용하는 표현입니다. 일상 회화에서 사용하면 ～てもいい보다 다소 딱딱한 표현이 됩니다.

 단어 ～ていただく (남에게) ～해 받다, (남이) ～해 주시다　召(め)し上(あ)がる 드시다

늦어도 되니까 조심해서 와.

○ 遅(おく)れてもいいから気(き)をつけてきてね。

△ 遅(おく)れてもかまわないから気(き)をつけてきてね。

일상 회화에서는 둘 다 무난하게 사용이 가능하지만 ~てもいい에 비해 ~てもかまわない는 다소 딱딱한 뉘앙스가 있습니다. 친구나 친한 사람과 대화할 때는 ~てもいい를 더 많이 사용하는 경향이 있습니다.

정말 죄송하지만 회의 시간을 변경해도 괜찮으실까요?

× 大変申(たいへんもう)し訳(わけ)ございませんが、会議(かいぎ)の時間(じかん)を変更(へんこう)させていただいてもいいでしょうか？

○ 大変申(たいへんもう)し訳(わけ)ございませんが、会議(かいぎ)の時間(じかん)を変更(へんこう)させていただいてもかまいませんでしょうか？

회사나 공적인 자리에서는 정중하고 격식을 차린 말투인 ~てもかまわない를 사용하는 것이 적절합니다.

단어 遅(おく)れる 늦어지다, 늦다　気(き)をつける 조심하다, 주의하다　変更(へんこう) 변경
~させていただく (허락을 받아) ~하다

여기서는 사진을 찍어도 괜찮아요.

ここでは写真(しゃしん)を撮(と)ってもいいですよ。

ここでは写真(しゃしん)を撮(と)ってもかまいませんよ。

이 예문과 같이 일상 회화에서 허가나 허용을 나타낼 때는 ~てもいい와 ~てもかまわない 둘 다 사용할 수 있습니다. 문장 끝에 よ를 붙이면 좀 더 부드러운 뉘앙스가 됩니다.

16 ~하면 안 된다

~てはいけない

금지를 나타내는 표현

バスに乗(の)っているときは、大(おお)きな声(こえ)で話(はな)してはいけませんよ。

버스에 타고 있을 때는 큰 소리로 말하면 안 돼요.

ゴミを道(みち)に捨(す)ててはいけないよ。

쓰레기를 길에 버리면 안 돼.

팁 사회적 또는 상식적으로 금지되어 있거나 바람직하지 않다고 여겨지는 것을 말할 때 사용합니다. 주로 윗사람이 아랫사람에게 사용하는 말투로 친구 사이나 친한 사이에서는 잘 사용하지 않습니다.

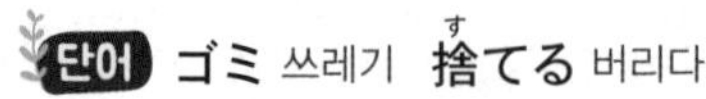

단어 ゴミ 쓰레기 捨(す)てる 버리다

～てはだめだ

금지를 나타내는 표현

明日(あした)は絶対(ぜったい)時間(じかん)に遅(おく)れてはだめですよ。

내일은 절대로 시간에 늦으면 안 돼요.

大人(おとな)にため口(ぐち)使(つか)っちゃだめだよ。

어른에게 반말 쓰면 안 돼.

팁 상대방의 행동이 바람직하지 않거나 그 행동이 나의 마음에 들지 않을 때 사용합니다. 말할 때는 주로 **～ちゃ(じゃ)だめだ**라는 문형으로 많이 쓰입니다.

단어 **絶対(ぜったい)** 절대(로) **遅(おく)れる** 늦어지다, 늦다 **ため口(ぐち)** 반말

비교

복도에서 뛰면 안 돼요.

廊下(ろうか)を走(はし)ってはいけませんよ。

廊下(ろうか)を走(はし)ってはだめですよ。

금지를 나타내는 표현으로 둘 다 사용할 수 있지만 ~てはいけない는 모두가 알만한 상식을 토대로 판단해서 그 행동을 자제시키는 뉘앙스가 있습니다. 그리고 ~てはだめだ에 비해 이성적이고 객관적으로 말하는 뉘앙스도 있습니다.

밥도 안 먹고 과자만 먹으면 안 되지.

ご飯(はん)も食(た)べないでお菓子(かし)ばかり食(た)べてはいけないよ。

ご飯(はん)も食(た)べないでお菓子(かし)ばかり食(た)べちゃだめだよ。

두 예문 다 금지를 나타내는 표현이지만 ~てはいけない에 비해 ~てはだめだ는 주관적인 표현으로, 상대방의 행동이 나의 기준으로 좋지 않다고 생각해 멈추게 하려는 뉘앙스가 있습니다.

단어 廊下(ろうか) 복도

휴대폰을 보면서 운전하면 안 됩니다.

Q 携帯(けいたい)を見(み)ながら運転(うんてん)してはいけません。

△ 携帯(けいたい)を見(み)ながら運転(うんてん)してはだめです。

사회적으로 또는 상식적으로 금지되어 있는 것에 대해 말할 때는 보통 ～てはいけない를 사용합니다.

단어 携帯(けいたい) 휴대폰, 휴대전화 運転(うんてん) 운전

17 ~하고 나서 ~하다

(Aし)てから(Bする)

❶ B를 하기 위해서는 우선 A를 해야 함
❷ 일정한 시간이 지나 어떤 결과나 상황이 됨
❸ 단순히 A와 B의 시간의 전후를 나타냄

手を洗ってからご飯を食べましょう。

손을 씻고 나서 밥을 먹읍시다.

日本に来てから日本語がぐんと上手になりました。

일본에 오고 나서 일본어가 훨씬 능숙해졌어요.

高校を卒業してからすぐに仕事を始めました。

고등학교를 졸업하고 나서 바로 일을 시작했어요.

팁 시간의 전후를 나타내기 위해 사용하는 경우, 'A를 먼저 하고 B를 한다'는 순서를 강조하는 뉘앙스가 있습니다.

단어 ぐんと 쑥, 훨씬 卒業 졸업

(Aし)たあとで(Bする)

단순히 A와 B의 시간의 전후를 나타냄

カフェに行(い)ったあとで映画(えいが)を見(み)に行(い)きました。

카페에 갔다가 영화를 보러 갔어요.

友(とも)だちが帰(かえ)ったあとで母(はは)が家(いえ)に帰(かえ)ってきました。

친구가 돌아가고 나서 어머니가 집에 돌아왔어요.

> 팁 A(し)たあとでBするは A와 B 사이에 연관 관계가 없어도 쓸 수 있습니다.

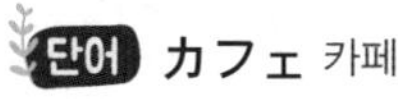

단어 カフェ 카페

비교

공부하고 나서 샤워를 하려고 해요.

O 勉強(べんきょう)してからシャワーを浴(あ)びようと思(おも)います。

O 勉強(べんきょう)したあとでシャワーを浴(あ)びようと思(おも)います。

단순히 시간의 전후를 말하는 문장에는 ～てから와 ～たあとで 둘 다 사용할 수 있습니다. ～てから는 ～たあとで에 비해 순서를 강조하는 뉘앙스가 있습니다.

놀이공원에는 티켓을 사고 나서 들어가요.

O 遊園地(ゆうえんち)にはチケットを買(か)ってから入(はい)ります。

X 遊園地(ゆうえんち)にはチケットを買(か)ったあとで入(はい)ります。

놀이공원에 들어가기 위해서는 티켓을 살 필요가 있습니다. 이와 같이 '무언가를 하기 위해 우선 어떠한 행동을 해야 할 필요가 있다'는 것을 표현할 때는 ～てから를 사용합니다.

단어 遊園地(ゆうえんち) 유원지, 놀이공원

한국에 오고 나서 매운 걸 먹을 수 있게 됐어요.

O 韓国(かんこく)に来(き)てから辛(から)いものが食(た)べられるようになりました。

X 韓国(かんこく)に来(き)たあとで辛(から)いものが食(た)べられるようになりました。

한국에 와서 지내다 보니 매운 것을 먹을 수 있게 되었다는 시간의 경과에 따른 결과를 나타내는 문장이기 때문에 ～てから를 사용합니다.

PART 3

18 ~하기 시작하다

~はじめる

어떤 동작이 시작되어 한동안 계속됨

わたしは最近(さいきん)中国語(ちゅうごくご)を勉強(べんきょう)しはじめました。

저는 최근 중국어를 공부하기 시작했어요.

今月(こんげつ)から子犬(こいぬ)を育(そだ)てはじめました。

이번 달부터 강아지를 키우기 시작했어요.

팁 **~はじめる**는 동사 중에서도 동작이 발생해 그 상태가 지속된다는 의미가 있는 동사에 접속합니다. 따라서, **行く**, **来る**와 같은 이동 동사나 **開ける**, **閉める**와 같은 순간 동사에는 접속하지 않습니다.

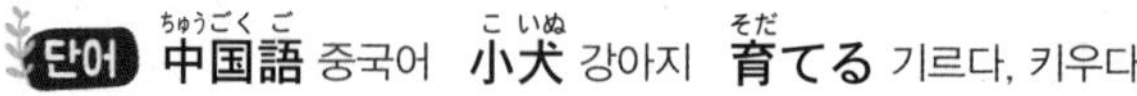

～だす

어떤 동작이 갑자기 시작됨

こどもが突然(とつぜん)泣(な)きだして周(まわ)りにいた人(ひと)も驚(おどろ)きました。

아이가 갑자기 울기 시작해서 주위에 있는 사람들도 놀랐어요.

急(きゅう)に雨(あめ)が降(ふ)りだしました。

갑자기 비가 내리기 시작했어요.

단어 突然(とつぜん) 돌연, 갑자기 周(まわ)り 주변, 주위

비교

멈춰 있던 차가 달리기 시작했어요.

O 停まっていた車が走りはじめました。

O 停まっていた車が走りだしました。

走りはじめる는 차가 달리기 시작해서 한동안 계속 달리는 것을 말합니다. 走りだす는 차가 움직인 순간을 말하며 멈춰 있던 차가 갑자기 움직였다는 뉘앙스가 있습니다.

저녁이 돼서 해가 지기 시작했어요.

O 夕方になって日が暮れはじめました。

X 夕方になって日が暮れだしました。

해가 지기 시작해서 점점 어두워지는 상황을 말할 때는 暮れはじめる라고 합니다. 해가 갑자기 지는 일은 없기 때문에 暮れだす는 부자연스러운 표현입니다.

단어 停まる 멈추다, 정지하다 夕方 해질녘, 저녁때 日が暮れる 해가 지다, 날이 저물다

계속 말이 없던 아빠가 갑자기 얘기하기 시작했어요.

△ ずっと黙(だま)っていた父(ちち)が急(きゅう)に話(はな)しはじめました。

○ ずっと黙(だま)っていた父(ちち)が急(きゅう)に話(はな)しだしました。

말하기 시작했음을 표현할 때는 話しはじめる와 話しだす 둘 다 사용해도 좋지만, 話しだす는 이야기가 갑자기 시작되었음을 좀 더 강조해서 말할 수 있습니다.

단어 黙(だま)る 말을 하지 않다

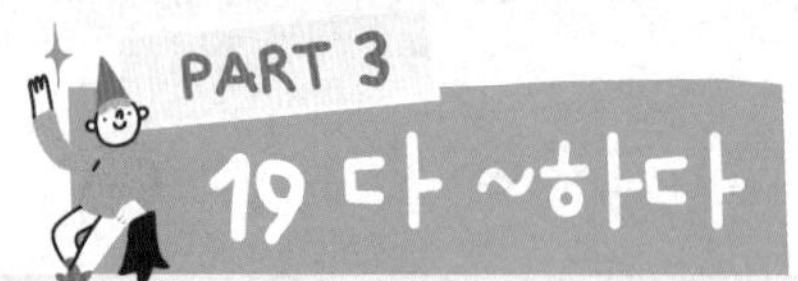

~おわる

어떤 동작이 끝나는 것

この本(ほん)読(よ)みおわったらすぐに返(かえ)すね。

이 책 다 읽으면 바로 돌려줄게.

飲(の)みおわった缶(かん)はここに捨(す)ててください。

다 마신 캔은 여기에 버려주세요.

단어 缶(かん) 캔 捨(す)てる 버리다

～きる

❶ 완전히 끝내는 것 또는 끝까지 하는 것
❷ 극한의 상태나 상황이 되는 것

昨日買ったお菓子、もう全部食べきっちゃった。

어제 산 과자 벌써 전부 먹어버렸어.

母は困りきった表情をしていました。

엄마는 몹시 난처한 표정을 하고 있었어요.

朝からずっと仕事をしていたので疲れきってしまいました。

아침부터 계속 일을 해서 완전히 지쳐 버렸어요.

팁 **～きる**는 **～おわる**보다 끝낸 것 또는 끝낸 결과를 강조하는 뉘앙스가 있습니다.

팁 **～きる**를 **～きれない**로 활용하면 '다 ～할 수가 없다'라는 뜻이 됩니다.

表情 표정

～ぬく

무엇을 하는 과정에서 어떤 어려움을 겪고도 끝까지 해내는 것

何日(なんにち)も悩(なや)みぬいて転職(てんしょく)を決(き)めました。

며칠이나 고민한 끝에 이직을 결정했어요.

最後(さいご)まで一生懸命(いっしょうけんめい)やりぬこうと思(おも)います。

마지막까지 열심히 해내려고 해요.

단어 何日(なんにち) 며칠 悩(なや)む 고민하다, 괴로워하다 転職(てんしょく) 이직, 전직

마라톤 선수는 장거리를 끝까지 달렸어요.

O マラソン選手(せんしゅ)は長距離(ちょうきょり)を走(はし)りおわりました。

O マラソン選手(せんしゅ)は長距離(ちょうきょり)を走(はし)りきりました。

O マラソン選手(せんしゅ)は長距離(ちょうきょり)を走(はし)りぬきました。

走りおわる는 달리기를 마쳤다는 행동의 종료에 초점을 두고 있으며 走りきる에는 끝까지 달렸다는 결과에 초점을 두고 있습니다. 그리고 走りぬく에는 달리는 도중에 어떠한 어려움이 있었지만 포기하지 않고 끝까지 달렸다는 과정에 초점을 두고 있습니다. 어떤 뉘앙스로 전하고 싶은지에 따라 표현을 골라 사용하는 것이 좋습니다.

접시에 담은 반찬은 남기지 말고 다 먹읍시다.

X お皿(さら)に盛(も)ったおかずは残(のこ)さず食(た)べおわりましょう。

O お皿(さら)に盛(も)ったおかずは残(のこ)さず食(た)べきりましょう。

X お皿(さら)に盛(も)ったおかずは残(のこ)さず食(た)べぬきましょう。

어떤 동작을 완전히 끝낸다는 것을 표현할 때는 ～きる를 사용합니다. 위 예문처럼 반찬을 남기지 않고 다 먹는 것을 말할 때는 食べきる라고 표현하는 것이 적합합니다. 食べおわる는 먹는 동작이 끝났다는 뜻이고, 食べぬく는 어떤 어려움을 겪으면서도 끝까지 먹는다는 의미가 됩니다.

단어 マラソン 마라톤 選手(せんしゅ) 선수 長距離(ちょうきょり) 장거리 皿(さら) 접시 盛(も)る (그릇에) 담다, 높이 쌓다 おかず 반찬 残(のこ)さず 남김 없이, 남기지 말고

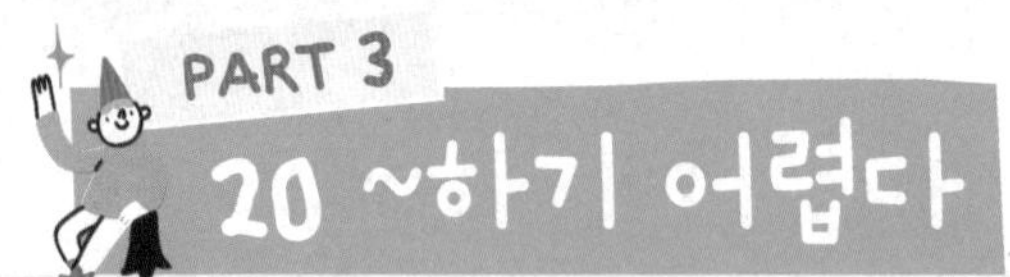

PART 3

20 ~하기 어렵다

~づらい

어떤 행동을 하는 것이 괴롭거나 정신적으로 부담스럽게 느끼는 것
또는 미안한 마음이 드는 것

虫歯(むしば)があるのでご飯(はん)が食(た)べづらいです。

충치가 있어서 밥을 먹기가 어려워요.

足(あし)を骨折(こっせつ)したのでとても歩(ある)きづらいです。

다리가 부러져서 도저히 걷기 어려워요.

社長(しゃちょう)が今(いま)までよくしてくれたのに、会社(かいしゃ)を辞(や)めるとは話(はな)しづらいな。

사장님이 지금까지 잘 해 주셨는데 회사를 그만둔다고 말하기 어렵네.

단어 虫歯(むしば) 충치 骨折(こっせつ) 골절 辞(や)める 그만두다, 사직하다

～にくい

❶ 물리적 또는 생리적으로 그렇게 하기가 어렵다는 것
❷ 쉽게 그런 상황이나 상태가 되지 않는다는 것
❸ 외부의 영향으로 인해 어떤 것을 하기가 망설여지는 것

わたしの姉(あね)は太(ふと)りにくい体質(たいしつ)でとてもうらやましいです。

우리 언니는 살이 잘 안 찌는 체질이라서 정말 부러워요.

このお風呂(ふろ)マットはすべりにくい素材(そざい)で作(つく)られています。

이 욕실 매트는 쉽게 미끄러지지 않는 소재로 만들어져 있어요.

隣(となり)の席(せき)の子(こ)はいつも怖(こわ)い顔(かお)をしていて話(はな)しかけにくいです。

옆 자리 아이는 항상 무서운 얼굴을 하고 있어서 말 걸기가 망설여져요.

팁 비슷한 표현인 **～がたい**는 다소 딱딱한 말투로, 뉴스나 기사 등에 쓰이는 경향이 있고 **信(しん)じがたい**(믿기 어렵다)와 같이 관용적인 표현으로도 사용됩니다.

단어 **太(ふと)る** 살이 찌다 **体質(たいしつ)** 체질 **うらやましい** 부럽다 **風呂(ふろ)** 욕조, 목욕탕 **マット** 매트 **すべる** 미끄러지다 **素材(そざい)** 소재 **席(せき)** 자리, 좌석 **話(はな)しかける** 말을 걸다

비교

친한 친구에게는 돈을 돌려달라고 말하기 어려워요.

○ 親(した)しい友(とも)だちにはお金(かね)返(かえ)してほしいって言(い)いづらいです。

△ 親(した)しい友(とも)だちにはお金(かね)返(かえ)してほしいって言(い)いにくいです。

言いづらい라고 하면 화자가 정신적으로 부담을 느끼거나 상대방에게 미안한 마음이 든다는 것을 잘 나타낼 수 있습니다.

이것은 가볍고 쉽게 망가지지 않는 안경이에요.

× これは軽(かる)くて壊(こわ)れづらいメガネです。

○ これは軽(かる)くて壊(こわ)れにくいメガネです。

쉽게 망가지지 않는 것과 같이 물리적으로 어떤 상태나 상황이 되기 어렵다는 것을 말할 때는 ～にくい를 사용합니다.

단어 親(した)しい 친하다, 사이가 좋다 壊(こわ)れる 부서지다, 망가지다

저는 시력이 좋지 않아서 작은 글씨는 보기 어려워요.

✕ わたしは視力(しりょく)がよくないので小(ちい)さい字(じ)は見(み)づらいです。

○ わたしは視力(しりょく)がよくないので小(ちい)さい字(じ)は見(み)にくいです。

생리적인 이유나 신체의 어떤 요인으로 어떤 행동을 하기가 어렵다는 것을 표현할 때는 보통 ～にくい를 사용합니다. 見づらい라고 하면 보는 것이 정신적으로 힘들다는 뉘앙스가 있습니다.

단어 視力(しりょく) 시력　字(じ) 글자, 글씨

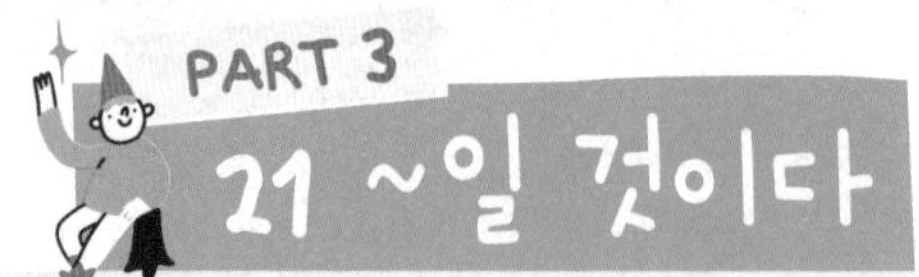

~だろう/~でしょう

추측을 나타내는 말

サプライズパーティーをしたらきっと喜(よろこ)んでくれるだろうな。

깜짝 파티를 하면 반드시 기뻐해 줄 거야.

明日(あした)は雨(あめ)が止(や)んで晴(は)れるでしょう。

내일은 비가 그치고 맑을 것입니다.

팁 ~だろう/~でしょう는 결과나 상태가 이렇게 될 거라고 어느 정도 확신이 설 때 사용합니다. 다소 딱딱한 뉘앙스가 있기 때문에 글을 쓸 때나 공적인 자리에서 많이 사용하지만, 어미에 **ね**나 **な**를 붙여 일상 회화에서 쓰기도 합니다.

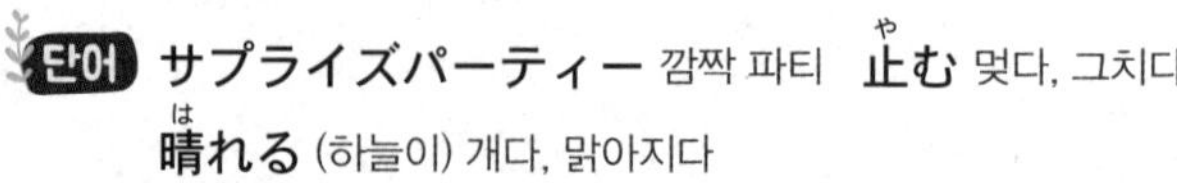
단어 サプライズパーティー 깜짝 파티 止(や)む 멎다, 그치다
晴(は)れる (하늘이) 개다, 맑아지다

～かもしれない

추측을 나타내는 말

まだ仕事(しごと)がたくさんあって今日(きょう)は帰(かえ)るのが遅(おそ)くなるかもしれません。

아직 일이 많이 있어서 오늘은 귀가가 늦어질지도 몰라요.

塩(しお)を少(すこ)し多(おお)めに入(い)れたからちょっとしょっぱいかも。

소금을 조금 많이 넣어서 약간 짤 수도 있어.

팁 ～かもしれない는 ～だろう/～でしょう에 비하면 확신할 수는 없지만, 결과나 상태가 이렇게 될 수도 있다고 예상하는 뉘앙스가 있습니다. 친구나 친한 사람에게 사용하는 경우 ～かも라고 줄여서 말하기도 합니다.

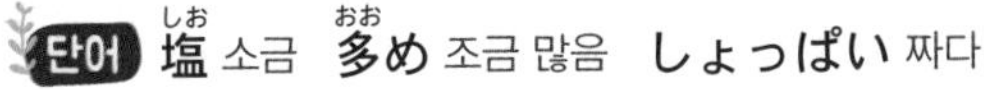

단어 塩(しお) 소금 多(おお)め 조금 많음 しょっぱい 짜다

비교

이런 말을 하면 분명히 혼나겠지.

O こんなこと言(い)ったら絶対(ぜったい)怒(おこ)られるだろうな。

X こんなこと言(い)ったら絶対(ぜったい)怒(おこ)られるかもしれないな。

혼날 것을 어느 정도 예상하고 말할 때는 ~だろう를 사용합니다. ~だろう 앞에 絶対(분명히, 반드시) 또는 きっと(꼭) 등의 부사를 붙이면 확신을 가지고 있다는 것을 더욱 강조하는 뉘앙스가 됩니다.

오늘 시합은 어쩌면 A팀이 이길지도 모르겠네요.

X 今日(きょう)の試合(しあい)はもしかしたらAチームが勝(か)つでしょうね。

O 今日(きょう)の試合(しあい)はもしかしたらAチームが勝(か)つかもしれませんね。

잘은 모르겠지만 상황이 이렇게 될 수도 있다고 가능성을 추측할 때는 ~かもしれない를 사용합니다. ~かもしれない 앞에 もしかしたら/もしかすると(어쩌면)라는 부사를 붙여 말하는 경향이 있습니다.

단어 絶対(ぜったい) 분명히, 반드시 試合(しあい) 시합, 경기 チーム 팀

오늘은 토요일이니까 길이 막히겠다.

○ 今日(きょう)は土曜日(どようび)だから道(みち)が混(こ)むだろうな。

△ 今日(きょう)は土曜日(どようび)だから道(みち)が混(こ)むかもしれないな。

길이 막힐 것을 어느 정도 예상하고 그 가능성을 말할 때는 ~だろう를 사용하는 것이 더 자연스럽습니다. ~かもしれない는 그렇게 될 수도 있고 안 될 수도 있다는 다소 모호한 표현이 됩니다.

단어 道(みち)が混(こ)む 길이 막히다

22 ~인 것 같다

~ようだ・~みたいだ

직접 보거나 들은 것 또는 경험한 것을 바탕으로
무언가를 추측, 판단할 때 사용하는 표현

先(さき)ほど山(やま)の方(ほう)で火災(かさい)が発生(はっせい)したようです。

조금 전에 산 쪽에서 화재가 발생한 것 같아요.

昨日(きのう)あんまり寝(ね)れなかったみたいだね。疲(つか)れた顔(かお)してる。

어제 잘 못 잤나봐. 피곤해 보여.

わたし、熱(ねつ)があるみたい。

나 열이 있는 것 같아.

팁 ~ようだ는 다소 딱딱한 뉘앙스가 있어 글을 쓸 때나 뉴스 등 공적인 자리에서 쓰이는 경우가 많습니다.
~みたい는 가벼운 뉘앙스로 일상 회화에서 많이 쓰입니다.

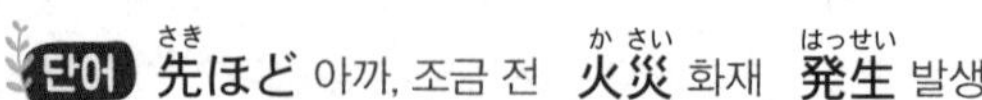
단어 先(さき)ほど 아까, 조금 전 火災(かさい) 화재 発生(はっせい) 발생

～そうだ

❶ 시각적인 정보를 바탕으로 앞으로 일어날 상황을 추측할 때 쓰는 표현

❷ 어떤 사물을 보고 '꼭 이럴 것이다'라고 상태나 성질을 판단할 때 쓰는 표현

曇(くも)ってるし、今日(きょう)はずっと天気(てんき)悪(わる)そうだね。

하늘도 흐리고, 오늘은 날씨가 계속 좋지 않을 것 같네.

このレモン、すごくすっぱそうですね。

이 레몬 정말 셔 보여요.

팁 ～そうだ는 어느 정도 확신이 있는 추측을 말할 때 쓰는 경우가 많습니다.

팁 ～そうだ가 동사의 기본형 또는 과거형에 접속하면 누군가에게 전해 들었다는 의미가 되므로 접속 형태에 주의해야 합니다.

단어 曇(くも)る (하늘이) 흐리다, 흐려지다 レモン 레몬 すっぱい 시다

～らしい

누군가에게 듣거나 책이나 미디어 등을 통해 간접적으로 알게 된 정보를 바탕으로 추측할 때 쓰는 표현

ブログで見(み)たけど、あの日本食屋(にほんしょくや)さん、今(いま)イベントしているらしいよ。

블로그에서 봤는데 그 일본식당 지금 행사하고 있나 봐.

最近(さいきん)、仕事(しごと)忙(いそが)しいらしいけど、週末(しゅうまつ)も出勤(しゅっきん)するの？

요즘 일이 바쁜 것 같은데 주말에도 출근해?

팁 ～らしい는 사실인지 정확히 알 수 없는 모호한 추측을 할 때도 많이 사용합니다.

단어 ブログ 블로그 イベント 행사 週末(しゅうまつ) 주말 出勤(しゅっきん) 출근

어제부터 목도 아프고 왠지 감기에 걸린 것 같아요.

O 昨日(きのう)からのども痛(いた)くて、何(なん)だか風邪(かぜ)をひいたみたいです。

X 昨日(きのう)からのども痛(いた)くて、何(なん)だか風邪(かぜ)をひいたそうです。

X 昨日(きのう)からのども痛(いた)くて、何(なん)だか風邪(かぜ)をひいたらしいです。

나의 신체 변화나 몸 상태 등을 추측 또는 판단할 때는 ～みたいだ 또는 ～ようだ를 사용합니다. ～そうだ와 ～らしい는 나 자신에 대해 추측하거나 판단할 때는 사용할 수 없습니다.

여기 빵은 다 맛있어 보이네요.

X ここのパンはどれもおいしいみたいですね。

O ここのパンはどれもおいしそうですね。

X ここのパンはどれもおいしいらしいですね。

어떠한 사물을 보고 '이럴 것이다' 또는 '어떠해 보인다'라고 판단할 때는 ～そうだ를 사용합니다. ～みたいだ와 ～らしい는 간접적으로 얻은 정보를 바탕으로 무언가를 추측할 때 사용하는 표현입니다.

단어 何(なん)だか 어쩐지, 왠지　風邪(かぜ)をひく 감기에 걸리다　どれも 어느 것이나, 전부 다

이거 마리 가방이잖아. 마리 벌써 왔나 봐.

⭕ これ、マリちゃんのかばんだね。マリちゃん、もう来(き)たみたいだね。

❌ これ、マリちゃんのかばんだね。マリちゃん、もう来(き)たそうだね。

❌ これ、マリちゃんのかばんだね。マリちゃん、もう来(き)たらしいね。

가방이 있는 것을 직접 보고 친구가 온 것을 추측 또는 판단할 때는 ～みたいだ를 사용합니다. 来たそうだ와 같이 동사의 기본형 또는 과거형에 ～そうだ를 붙이면 '～라고 한다'라는 다른 사람을 통해 전해 들었다는 뜻을 나타내는 문법이 됩니다. ～らしい는 간접적으로 알게 된 정보를 바탕으로 추측할 때 사용하는 말이기 때문에 직접 보고 추측하는 상황에서는 잘 사용하지 않습니다.

우연히 들었는데, 이토 선생님, 다음 달에 결혼 하시나 봐.

O 偶然(ぐうぜん)聞(き)いたんだけど、伊藤先生(いとうせんせい)、来月結婚(らいげつけっこん)するみたいだよ。

X 偶然(ぐうぜん)聞(き)いたんだけど、伊藤先生(いとうせんせい)、来月結婚(らいげつけっこん)するそうだよ。

O 偶然(ぐうぜん)聞(き)いたんだけど、伊藤先生(いとうせんせい)、来月結婚(らいげつけっこん)するらしいよ。

누군가에게 들은 이야기를 바탕으로 무언가를 추측할 때는 ～みたいだ와 ～らしい를 사용할 수 있습니다. ～みたいだ와 ～らしい를 비교하면 ～らしい가 좀 더 확실하지 않은 추측이라는 뉘앙스가 있습니다. 또 ～そうだ의 경우, 앞서 설명했듯이 동사의 기본형 또는 과거형에 접속하면 단순히 누군가에게 전해들은 이야기임을 나타내므로, 추측의 의미로는 적절하지 않습니다.

단어 偶然(ぐうぜん) 우연히 結婚(けっこん) 결혼

PART 3

23 수고하셨습니다

お疲(つか)れ様(さま)

상대방의 노고를 위로하는 말

先輩(せんぱい)、今日(きょう)も一日(いちにち)お疲(つか)れ様(さま)でした。

선배님, 오늘 하루도 수고하셨습니다.

長(なが)い時間(じかん)運転(うんてん)お疲(つか)れ。

오랜 시간 운전 수고했어.

팁 **お疲れ様**는 일상 회화에서나 회사에서도 많이 사용됩니다. 회사에서는 주로 퇴근 시에 인사말로 사용할 때가 많습니다. 친한 사이에는 줄여서 **お疲れ**라고도 합니다.

단어 **先輩(せんぱい)** 선배(님) **運転(うんてん)** 운전

ご苦労様(くろうさま)

상대방의 노고를 위로한다는 뜻으로 윗사람이 아랫사람에게 사용하는 말

まだ仕事(しごと)してたの？ご苦労様(くろうさま)。

아직 일하고 있었어? 고생하네.

配達(はいたつ)、ご苦労様(くろうさま)でした。

배달 수고하셨습니다.

팁 **ご苦労様**에는 '고생을 하게 해서 미안하다', '나를 위해 고생한 것을 위로하고 싶다'라는 뉘앙스가 있어 아랫사람이 윗사람에게 사용하지는 않습니다.

配達(はいたつ) 배달

먼저 가보겠습니다. 수고하셨습니다.

O お先(さき)に失礼(しつれい)します。お疲(つか)れ様(さま)です。

X お先(さき)に失礼(しつれい)します。ご苦労様(くろうさま)です。

회사에서 퇴근할 때 아직 회사에 있는 선배나 동료들에게 하는 인사말로 주로 お疲れ様です를 사용합니다. 그리고 회사에 남아 있는 사람들은 먼저 퇴근하는 사람에게 お疲れ様でした라고 합니다.

더운데 수고했어.

O 暑(あつ)い中(なか)お疲(つか)れ様(さま)。

O 暑(あつ)い中(なか)ご苦労様(くろうさま)。

부하 직원의 수고를 위로한다는 뜻으로 말할 때는 お疲れ様와 ご苦労様 둘 다 사용할 수 있습니다. 다만 ご苦労様는 고생을 시켜서 미안하다는 뉘앙스가 있기 때문에 단순히 상대방의 수고를 위로하고자 하는 상황에서는 お疲れ様를 사용합니다.

단어 先(さき)に 먼저, 앞서 ～中(なか) ～인/하는 와중에

여보, 매일 일하느라 고생이 많아요.

△ あなた、いつもお仕事お疲れ様。

○ あなた、いつもお仕事ご苦労様。

お疲れ様와 ご苦労様는 둘 다 수고나 노고를 위로하는 말이지만 가정을 위해 일하는 남편에게 고생이 많다고 표현할 때는 주로 ご苦労様를 사용합니다.

24 자리에 없습니다

留守(るす)です

외출 등으로 인해 집에 없는 것

父(ちち)は今(いま)留守(るす)ですが、すぐに帰(かえ)ってくると思(おも)います。

아버지는 지금 외출 중이지만 곧 돌아오실 겁니다.

母(はは)は今(いま)買(か)い物(もの)に行(い)って留守(るす)にしています。

어머니는 지금 장보러 가셔서 집에 안 계세요.

팁 **留守にする**라고도 표현합니다.

팁 **留守**는 외출하는 사람 대신에 집을 지킨다는 것을 말하기도 합니다. 이때는 **留守番(るすばん)をする**라고 표현합니다.
또 전화를 걸었는데 상대방이 전화를 받지 않아 메시지를 녹음하는 것을 **留守番(るすばん)電話(でんわ)**라고 합니다.

不在(ふざい)です

집이나 회사 등 원래 있던 곳을 비워 부재중인 것

課長(かちょう)はただいま不在(ふざい)です。

과장님은 지금 부재중입니다.

出張(しゅっちょう)のため、家(いえ)をしばらく不在(ふざい)にします。

출장 때문에 집을 당분간 비웁니다.

팁 **不在にする**라고도 표현합니다.

팁 **不在**는 주로 회사에서 많이 사용하는 말인데, '집에 없다'는 뜻으로 말하면 **留守**에 비해 다소 딱딱한 뉘앙스가 있습니다.

단어 **課長(かちょう)** 과장(님) **出張(しゅっちょう)** 출장 **しばらく** 잠시, 당분간

席(せき)をはずしております

잠시 자리를 비우는 것

中井(なかい)はただいま席(せき)をはずしておりますが、10分(じゅっぷん)後(ご)には戻(もど)る予定(よてい)です。

나카이 씨는 지금 잠시 자리를 비웠는데, 10분 후에는 돌아올 예정이에요.

清水(しみず)は席(せき)をはずしておりますが、お急(いそ)ぎでしたらご用件(ようけん)を伺(うかが)います。

시미즈 씨는 자리를 비웠는데, 급하시다면 용건을 말씀해주세요.

팁 **席をはずす**는 주로 회사에서 사용하는 비즈니스 용어입니다. 회의나 식사 등으로 인해 잠시 동안 자리를 비웠다가 돌아옴을 나타낼 때 사용합니다.

단어 **急(いそ)ぎ** 서두름, 급함 **用件(ようけん)** 용건 **伺(うかが)う** 듣다, 여쭈다

비교

엄마는 일하러 가서 안 계세요.

○ 母は仕事に行っているので留守です。

△ 母は仕事に行っているので不在です。

집에 없다는 뜻으로 말할 때는 留守와 不在의 두 가지 표현을 사용할 수 있지만 不在는 留守보다 딱딱한 뉘앙스가 있습니다.

회사에서 자리에 없는 직원을 찾는 전화를 받았을 때

開発部の青木様はいらっしゃいますでしょうか?
개발부의 아오키 님 계십니까?

○ 青木はただいま休暇のため、不在にしております。
아오키 씨는 현재 휴가로 부재중입니다.

○ 青木は席をはずしております。戻りましたら折り返しお電話おかけいたします。
아오키 씨는 자리를 비웠습니다. 돌아오는 대로 바로 전화 드리겠습니다.

휴가로 회사에 안 나온다는 것을 표현할 때는 不在를 사용합니다.
그러나 잠시 자리를 비웠다가 바로 돌아오는 상황이라면 席をはずす를 사용합니다. 보통 어떤 일로 자리를 비웠는지 자세하게 전하지 않고 ○○は(ただいま)席をはずしております와 같이 자리를 비웠다는 사실만 전하는 경향이 있습니다.

단어 開発部(かいはつぶ) 개발부　休暇(きゅうか) 휴가　折(お)り返(かえ)し 즉시, 바로　電話(でんわ)をかける 전화를 걸다

PART 4

의미가 여러 가지인 일본어 표현들

·음성 듣기·

PART 4 01 いくつ

❶ 몇 개

A 割(わ)り箸(ばし)はいくつ必要(ひつよう)ですか？

나무젓가락은 몇 개 필요하세요?

B いくつでもいいので、あるだけください。

몇 개라도 괜찮으니까 있는 만큼 주세요.

대화

Ⓐ この商品(しょうひん)のモデルはまだ在庫(ざいこ)が残(のこ)っていますか？

이 상품의 견본은 아직 재고가 남아 있나요?

Ⓑ はい、まだいくつかは残(のこ)っています。ご覧(らん)になりますか？

네, 아직 몇 개는 남아 있습니다. 보시겠어요?

Ⓐ はい、見(み)せてください。

네, 보여주세요.

단어 割(わ)り箸(ばし) 나무젓가락　商品(しょうひん) 상품　モデル 모델, 견본　在庫(ざいこ) 재고　ご覧(らん)になる 보시다

❷ 몇 살

加藤さんのこどもさんは来年いくつになりますか？

가토 씨의 자녀분은 내년에 몇 살이 되나요?

失礼ですが、おいくつでいらっしゃいますか？

실례지만 나이가 어떻게 되십니까?

Ⓐ 娘さん、もうこんなに大きくなったんですね。

따님 벌써 이렇게 컸군요.

Ⓑ はい、あっという間に大きくなりました。でも、こどもはいくつになってもかわいいものですね。

네, 눈 깜짝할 사이에 많이 컸어요. 그래도 아이는 몇 살이 돼도 귀엽네요.

단어 あっという間に 눈 깜짝할 사이에　～ものだ ～이다, ～하다(감동)

PART 4 02 ~さん

❶ 사람의 성 또는 이름에 붙여서 경의를 표하는 말

後藤(ごとう)さん、今日(きょう)は残業(ざんぎょう)ですか？

고토 씨, 오늘은 야근이에요?

このプロジェクトは中村(なかむら)さんと私(わたし)が担当(たんとう)しています。

이 프로젝트는 나카무라 씨와 제가 담당하고 있습니다.

대화

Ⓐ 今日(きょう)の会議(かいぎ)のことでちょっと聞(き)きたいことがあるんだけど。

오늘 회의에 관한 걸로 좀 물어볼게 있는데.

Ⓑ 会議(かいぎ)のことなら山田(やまだ)さんが詳(くわ)しく知(し)っていると思(おも)いますよ。

회의에 관한 것이라면 야마다 씨가 자세히 아실 거예요.

단어 残業(ざんぎょう) 잔업, 야근 プロジェクト 프로젝트, 연구 과제 担当(たんとう) 담당 詳(くわ)しい 자세하다

❷ 직책명이나 가게 등에 붙여서 경의를 표하는 말

社長さんはお店に来ていますか？

사장님은 가게에 오셨나요?

学校の前にあるパン屋さんはいつも人がたくさん来ます。

학교 앞에 있는 빵집에는 항상 사람이 많이 와요.

> 팁 가게 등에 붙여 말할 때는 주로 개인이 운영하는 비교적 소규모의 가게나 음식점에 쓰이고 대형 마트나 쇼핑몰 등에는 사용하지 않습니다.

A おいしいラーメンの店、知ってる？

맛있는 라면집 알아?

B うん、この前行ったラーメン屋さんすごくおいしかったよ。行ってみる？

응, 저번에 갔던 라면집 진짜 맛있었어. 가볼래?

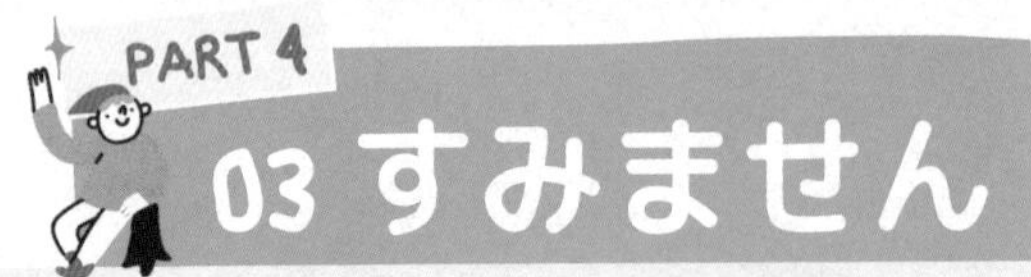

PART 4 03 すみません

❶ 미안합니다, 죄송합니다

お待(ま)たせしてすみません。

기다리게 해서 죄송해요.

すみませんが、今日(きょう)は先(さき)に帰(かえ)ります。

죄송하지만, 오늘은 먼저 돌아갈게요.

> 팁 '저기요/여기요'와 같이 누군가를 부르거나 무언가를 부탁할 때에도 사용합니다.

A ご迷惑(めいわく)をおかけして、本当(ほんとう)にすみませんでした。

폐를 끼쳐서 정말 죄송합니다.

B こちらは大丈夫(だいじょうぶ)ですので、そんなに謝(あやま)らないでください。

저희는 괜찮으니 그렇게 사과하지 마세요.

단어 待(ま)たせる 기다리게 하다 先(さき)に 먼저, 앞서 迷惑(めいわく)をかける 폐를 끼치다 謝(あやま)る 사과하다

❷ 고맙습니다

こんなにおいしい食事(しょくじ)を準備(じゅんび)してくださって、すみません。

이렇게 맛있는 식사를 준비해주셔서 감사해요.

こまめに連絡(れんらく)してくださってすみませんね。

자주 연락해 주셔서 감사해요.

> 팁 감사하면서도 상대방에게 미안함을 느낀다는 뉘앙스가 있습니다.

A お忙(いそが)しいところ、お時間(じかん)いただきすみません。

바쁘신 와중에 시간을 내주셔서 감사합니다.

B いえいえ、こちらこそお会(あ)いできて嬉(うれ)しいです。

아닙니다. 저야말로 만나서 반갑습니다.

단어 こまめ 성실하고 부지런함　～ところ (~인/한) 상황, 형편

PART 4 04 どうも

❶ 깊은 감사 또는 깊은 사과를 표현하는 인사말

どうもありがとう。

정말 고마워.

どうもすみませんでした。

정말 죄송했습니다.

> 팁 どうも는 특별한 뜻이 있는 것은 아니지만 친한 사람에게도 처음 보는 사람에게도 사용할 수 있는 가벼운 인사말입니다. どうも라고만 짧게 말해도 앞뒤 문맥으로 어떤 인사말인지 알 수 있습니다.

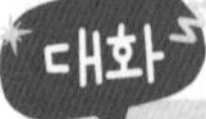

A 先日(せんじつ)は夕飯(ゆうはん)までいただいてどうもありがとうございました。

지난번에는 저녁까지 대접해주셔서 정말 감사했습니다.

B いえいえ、こちらこそ来(き)ていただいてありがとうございました。またご招待(しょうたい)しますね。

별말씀을요. 저야말로 와주셔서 감사합니다. 또 초대할게요.

단어 先日(せんじつ) 요전 날, 지난번　夕飯(ゆうはん) 저녁(밥)　～ていただく (남에게) ~해 받다, (남이) ~해 주시다　招待(しょうたい) 초대

❷ 만족스럽지 못하거나 원인이나 이유 등이 확실하지 않은 상태

何度(なんど)やってもどうもうまくいかないな。

몇 번을 해도 도무지 잘 안 되네.

明日(あした)はどうも雨(あめ)になりそうです。

내일은 아무래도 비가 올 것 같아요.

A 顔色(かおいろ)があまりよくないですね。風邪(かぜ)でもひきましたか？

안색이 별로 안 좋네요. 감기라도 걸렸어요?

B うーん、風邪(かぜ)じゃないと思(おも)うんですけど、最近(さいきん)どうも体調(たいちょう)がよくないんです。

음, 감기는 아닌 것 같은데, 요즘 왠지 몸이 안 좋거든요.

A そうなんですか。あまり無理(むり)はしないでくださいね。

그렇군요. 너무 무리하지는 마세요.

단어 顔色(かおいろ) 안색, 낯빛　風邪(かぜ)をひく 감기에 걸리다　体調(たいちょう) 몸 상태

PART 4 05 どうぞ

❶ 정중하게 부탁하거나 무언가를 바라는 마음을 표현하는 말

これからどうぞよろしくお願(ねが)いいたします。

앞으로 잘 부탁드립니다.

どうぞご自愛(じあい)ください。

부디 몸조심하세요.

대화

Ⓐ 今日(きょう)から一緒(いっしょ)に仕事(しごと)頑張(がんば)りましょう。

오늘부터 같이 일 열심히 해요.

Ⓑ はい。ご指導(しどう)ご鞭撻(べんたつ)のほど、どうぞよろしくお願(ねが)いいたします。

네, 지도 편달 잘 부탁 드리겠습니다.

단어 ご自愛(じあい)ください 몸조심하세요 指導(しどう) 지도 鞭撻(べんたつ) 편달, 경계하고 격려함

❷ 권유하거나 허용을 나타내는 말

どうぞ、召し上がってください。

어서 드셔 보세요.

どうぞ、お入りください。

어서 들어오세요.

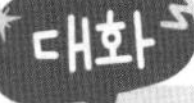

Ⓐ どうぞこちらにおかけください。
여기에 앉으세요.

Ⓑ はい、失礼いたします。あの、ペンを借りてもいいですか？
네, 실례하겠습니다. 저, 펜을 빌려도 될까요?

Ⓐ はい、どうぞ。
네, 쓰세요.

단어 召し上がる 드시다　かける 앉다, 걸터앉다

PART 4 06 足(あし)

❶ 다리 또는 발을 가리키는 말

転(ころ)んで足(あし)をねんざしてしまいました。

넘어져서 다리를 접질러 버렸어요.

この靴(くつ)はずっと歩(ある)いても足(あし)が痛(いた)くなりません。

이 신발은 오래 걸어도 발이 안 아파요.

Ⓐ **毎日(まいにち)立(た)ち仕事(しごと)大変(たいへん)じゃない？**

매일 서서 일하는 거 안 힘들어?

Ⓑ **ずっと立(た)ってるから足(あし)がむくむんだよね。それが一番大変(いちばんたいへん)かな。**

계속 서 있으니까 다리가 붓거든. 그게 제일 힘든 것 같아.

단어 転(ころ)ぶ 넘어지다　ねんざ 삠, 접질림　立(た)ち仕事(しごと) 서서 하는 일　むくむ 붓다

❷ 걷거나 달리는 것 또는 그 능력을 나타내는 말

あの選手(せんしゅ)はチームの中(なか)でも一番(いちばん)足(あし)が速(はや)いです。

저 선수는 팀 내에서도 가장 발이 빨라요.

こどもは足(あし)が遅(おそ)いからゆっくり歩(ある)こう。

아이는 걸음이 느리니까 천천히 걷자.

대화

A あの犯人(はんにん)、逃(に)げたけどすぐにつかまったらしいですよ。

그 범인, 도망쳤는데 바로 잡혔대요.

B よかったですね。きっと警察(けいさつ)の方(ほう)が足(あし)が速(はや)かったんでしょうね。

다행이네요. 분명 경찰이 더 발이 빨랐던 거겠죠.

단어 選手(せんしゅ) 선수 チーム 팀 犯人(はんにん) 범인 逃(に)げる 도망치다, 달아나다
つかまる 잡히다, 붙잡히다 警察(けいさつ) 경찰

❸ 오고 감을 나타내는 말

観光客(かんこうきゃく)の足(あし)が急(きゅう)に途絶(とだ)えてしまいました。

관광객의 발길이 갑자기 끊어져 버렸어요.

オーナーが変(か)わった後(あと)、このレストランは客(きゃく)の足(あし)が遠(とお)のいた。

주인이 바뀐 후 이 레스토랑은 손님의 발길이 뜸해졌다.

> 팁 어떤 목적을 위해 일부로 방문하는 것을 관용 표현으로 **足を運(はこ)ぶ**라고 합니다.

A お忙(いそが)しいところ足(あし)を運(はこ)んでいただきまして、ありがとうございます。

바쁘신 와중에 와주셔서 감사합니다.

B いえいえ、こちらもいつもお世話(せわ)になっておりますので。また何(なに)かあればおっしゃってください。

아닙니다. 저희도 항상 신세를 지고 있으니까요. 또 무슨 일이 있으면 말씀해주세요.

단어 **観光客(かんこうきゃく)** 관광객 **途絶(とだ)える** 끊어지다, 두절되다 **オーナー** 오너, 주인, 소유자
遠(とお)のく 뜸해지다, 소원해지다 **〜ところ** (〜인/한) 상황, 형편
〜でいただく (남에게) 〜해 받다, (남이) 〜해 주시다 **お世話(せわ)になる** 신세를 지다
おっしゃる 말씀하시다

❹ 교통편을 가리키는 말

遊(あそ)びに行(い)きたいけど、足(あし)がないから行(い)けないな。

놀러 가고 싶은데 교통편이 없어서 갈 수 없네.

足(あし)があれば少(すこ)し遠(とお)くても旅行(りょこう)に行(い)けるんだけどな。

차가 있으면 조금 멀어도 여행을 갈 수 있을 텐데.

Ⓐ わたしは自然(しぜん)にかこまれた田舎(いなか)に住(す)んでみたいです。

저는 자연에 둘러싸인 시골에 살아보고 싶어요.

Ⓑ でも、田舎(いなか)は足(あし)がないと移動(いどう)するとき不便(ふべん)じゃないですか？

그런데 시골은 차가 없으면 이동할 때 불편하지 않나요?

Ⓐ たしかに、それもそうですね。

하긴 그것도 그렇네요.

단어 自然(しぜん) 자연　かこむ 둘러싸다　移動(いどう) 이동　それもそうだ 그것도 그렇다

PART 4 07 腕(うで)

❶ 팔을 가리키는 말

腕(うで)を大(おお)きく回(まわ)してストレッチをします。

팔을 크게 돌려서 스트레칭을 합니다.

父(ちち)は腕(うで)を組(く)んでしばらく考(かんが)えていました。

아버지는 팔짱을 끼고 잠시 생각하고 있었어요.

> 팁 **腕**는 보통 어깨부터 손목까지를 말하지만 손까지 포함해서 말하는 경우도 있습니다.

> 팁 손목시계는 **腕時計**(うでどけい)라고 합니다.

대화

A 昨日(きのう)どうして部活(ぶかつ)休(やす)んだの？

어제 왜 동아리 활동 쉬었어?

B 腕(うで)けがして病院(びょういん)に行(い)ってたんだ。

팔을 다쳐서 병원에 갔었거든.

A そうだったんだ。腕(うで)、大丈夫(だいじょうぶ)？

그랬었구나. 팔은 괜찮아?

단어 回(まわ)す 돌리다 ストレッチ 스트레칭 腕(うで)を組(く)む 팔짱을 끼다 しばらく 잠시, 당분간 部活(ぶかつ) 동아리 활동

❷ 능력이나 기량을 나타내는 말

このレストランは腕(うで)のいいシェフが多(おお)いと有名(ゆうめい)です。

이 식당은 솜씨가 좋은 요리사가 많기로 유명해요.

あのピッチャーは毎日(まいにち)夜中(よなか)まで練習(れんしゅう)して腕(うで)を上(あ)げたそうです。

저 투수는 매일 한밤중까지 연습해서 실력을 키웠다고 해요.

Ⓐ この料理(りょうり)すごくおいしい！前(まえ)よりも料理(りょうり)の腕(うで)があがったんじゃない？

이 요리 너무 맛있어! 전보다 요리 실력이 좋아진 거 아니야?

Ⓑ そう思(おも)いますか？実(じつ)は最近(さいきん)料理(りょうり)教室(きょうしつ)に通(かよ)ってるんですよね。

그렇게 생각하세요? 실은 요즘 요리학원에 다니거든요.

단어 シェフ 요리사　ピッチャー 투수　夜中(よなか) 한밤중　練習(れんしゅう) 연습
腕(うで)を上(あ)げる 실력을 키우다　～よりも ~보다도　腕(うで)が上(あ)がる 실력이 늘다
実(じつ)は 실은, 사실은　料理教室(りょうりきょうしつ) 요리학원

❶ 소리 또는 어떤 정보를 듣는 것

生徒(せいと)たちは先生(せんせい)の話(はなし)を一生懸命(いっしょうけんめい)聞(き)いていました。

학생들은 선생님의 이야기를 열심히 듣고 있었어요.

わたしが聞(き)くところによると、大橋先輩(おおはしせんぱい)は来月(らいげつ)課長(かちょう)になるそうです。

제가 듣기로는 오하시 선배님은 다음 달에 과장님이 된다고 해요.

Ⓐ 今日(きょう)は悩(なや)みを聞(き)いてくれてありがとう。

오늘은 고민 들어줘서 고마워.

Ⓑ またいつでも話(はなし)聞(き)くよ。

또 언제든지 얘기 들어줄게.

단어 先輩(せんぱい) 선배(님)　課長(かちょう) 과장(님)　ところ 내용, 것　~によると ~에 의하면, ~에 따르면　悩(なや)み 고민

❷ 물어보는 것

あそこにいる人(ひと)に道(みち)を聞(き)いてみましょう。

저기에 있는 사람에게 길을 물어봐요.

質問(しつもん)があれば何(なん)でも聞(き)いてくださいね。

질문이 있으면 뭐든지 물어보세요.

A 日本人(にほんじん)と話(はな)すときに気(き)をつけることはありますか?

일본인과 대화할 때 조심해야 하는 것은 있나요?

B 日本(にほん)では初対面(しょたいめん)の人(ひと)には年(とし)を聞(き)くのは失礼(しつれい)なので気(き)をつけた方(ほう)がいいですよ。

일본에서는 초면인 사람에게 나이를 물어보는 것은 실례이니까 조심하는 게 좋겠어요.

단어 質問(しつもん) 질문　何(なん)でも 뭐든지, 모두　気(き)をつける 조심하다, 주의하다　初対面(しょたいめん) 초면

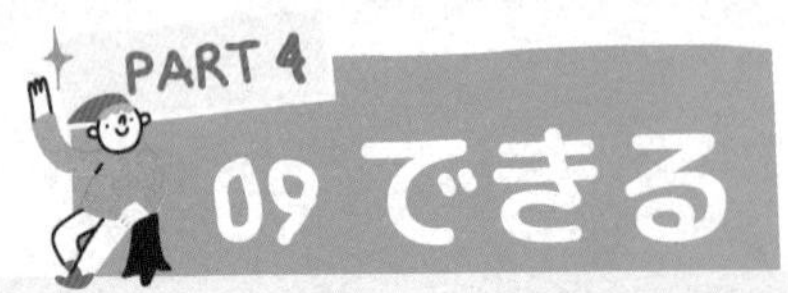

PART 4 09 できる

❶ 새로운 무언가가 생겨나거나 발생하는 것, 건물이나 조직 따위가 만들어지는 것

顔(かお)にニキビができてしまいました。

얼굴에 여드름이 생겼어요.

家(いえ)の向(む)かいにおしゃれなカフェができました。

집 맞은편에 멋진 카페가 생겼습니다.

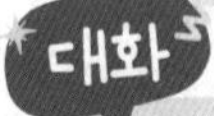

Ⓐ 大学(だいがく)に入学(にゅうがく)したら一人暮(ひとりぐ)らしをしますか？

대학교에 입학하면 자취를 할 건가요?

Ⓑ わたしは寮(りょう)に住(す)む予定(よてい)です。去年(きょねん)できた寮(りょう)なのできれいなんですよ。

저는 기숙사에 살 예정이에요. 작년에 생긴 기숙사라서 깨끗하거든요.

단어 ニキビ 여드름　向(む)かい 맞은편　おしゃれ 멋짐　カフェ 카페
一人暮(ひとりぐ)らし 혼자 생활함, 자취　寮(りょう) 기숙사

❷ 어떤 것이 어느 정도 정리되거나 마무리가 되는 것

引っ越しの準備ができました。

이사 준비가 마무리됐습니다.

一年かけてやっと論文ができました。

1년에 걸쳐서 간신히 논문을 마무리했습니다.

Ⓐ **会議の準備は**できましたか？

회의 준비는 됐나요?

Ⓑ はい、いつ始めてもいいように準備しておきました。

네, 언제든지 시작할 수 있게 준비해 놓았습니다.

단어 引っ越し 이사　(～に)かけて ～에 걸쳐서　やっと 겨우, 간신히　論文 논문

❸ 물건의 구조나 소재에 대해 이야기하는 것

このおもちゃは値段の割にとてもよくできています。

이 장난감은 가격에 비해 아주 잘 만들어져 있어요.

わたしは木でできた食器が好きです。

저는 나무로 만든 식기가 좋아요.

Ⓐ これ、実は紙でできたいすなんですよ。

이거 실은 종이로 만든 의자예요.

Ⓑ 本当ですか？丈夫に見えますね。

정말이에요? 튼튼해 보이네요.

단어 おもちゃ 장난감, 완구　値段 값, 가격　(～の)割に 비교적, ～에 비해　食器 식기
実は 실은, 사실은

❹ 인성이나 능력이 좋은 것, 어떤 것을 하는 능력이나 가능성이 있다는 것

今年(ことし)の新入社員(しんにゅうしゃいん)はみんな仕事(しごと)がよくできます。

올해 신입사원은 모두 일을 잘 해요.

努力(どりょく)すれば絶対(ぜったい)できるよ！

노력하면 반드시 할 수 있어!

Ⓐ 田中(たなか)さんは前(まえ)中国(ちゅうごく)に住(す)んでいましたよね？今(いま)でも中国語(ちゅうごくご)話(はな)せますか？

다나카 씨는 예전에 중국에 살았었죠? 지금도 중국어를 할 수 있나요?

Ⓑ 今(いま)はだいぶ忘(わす)れてしまいましたが、日常会話(にちじょうかいわ)くらいはできますよ。

지금은 많이 잊어버렸는데 일상 회화 정도는 할 수 있어요.

단어 新入社員(しんにゅうしゃいん) 신입사원 努力(どりょく) 노력 絶対(ぜったい) 분명히, 반드시 中国(ちゅうごく) 중국 中国語(ちゅうごくご) 중국어 だいぶ 상당히, 꽤 日常会話(にちじょうかいわ) 일상 회화

10 得意(とくい)

❶ 스스로 잘한다고 자신 있게 생각하는 것

わたしは日本料理(にほんりょうり)なら何(なん)でも得意(とくい)です。

저는 일본요리라면 뭐든지 자신 있어요.

得意(とくい)な科目(かもく)は数学(すうがく)です。

자신 있는 과목은 수학입니다.

팁 생각대로 일이 진행되어 만족하거나 자랑스럽다고 생각하는 것 또는 그런 모습을 나타낼 때는 **得意気**(とくいげ)な~라고 표현합니다.

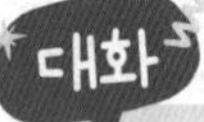

Ⓐ まきちゃんの得意(とくい)なスポーツは何(なに)?

마키가 잘하는 스포츠는 뭐야?

Ⓑ わたしはバレーが得意(とくい)だよ。

나는 배구가 자신 있어.

단어 何(なん)でも 뭐든지, 모두 科目(かもく) 과목 数学(すうがく) 수학 バレー(=バレーボール) 배구

❷ 단골손님이나 자주 거래를 하는 상대

お得意様(とくいさま)にお礼状(れいじょう)を送(おく)ります。

단골손님에게 감사 편지를 보내요.

景気(けいき)が悪(わる)いけどお得意様(とくいさま)のおかげで店(みせ)を運営(うんえい)することができます。

경기가 안 좋지만 단골손님 덕분에 가게를 운영할 수 있어요.

> 팁 '단골손님'이라는 뜻으로 말할 때는 **お得意様**나 お得意先(とくいさき)라고 표현합니다.

A この要望(ようぼう)は会社(かいしゃ)にとっては少(すこ)し困(こま)りますね。

이 요청은 회사 입장에서는 좀 곤란하네요.

B そうだね。でも、お得意先(とくいさき)だから断(ことわ)ろうにも断(ことわ)れないよな。

그러게. 하지만 단골이니까 거절할래야 거절할 수가 없네.

단어 礼状(れいじょう) 감사 편지　景気(けいき) 경기　おかげ 덕택, 덕분　運営(うんえい) 운영　要望(ようぼう) 요망, 요청
～にとって ~에게 있어서, ~에게　断(ことわ)ろうにも断(ことわ)れない 거절할래야 거절할 수 없다

11 けっこう

❶ 우수하며 결함이 없는 것

この度(たび)はけっこうなお品(しな)をいただきまして、誠(まこと)にありがとうございます。

일전에는 좋은 선물을 주셔서 정말로 감사합니다.

これはけっこうな作品(さくひん)ですね！

이건 훌륭한 작품이네요!

Ⓐ お客様(きゃくさま)、Aルームはいかがでしょうか？

손님, A룸은 어떠신가요?

Ⓑ はい、けっこうです。では予約(よやく)お願(ねが)いします。

네, 좋습니다. 그럼 예약 부탁 드립니다.

단어 この度(たび) 얼마 전, 일전　品(しな) 물건, 상품　誠(まこと)に 정말로, 진심으로　ルーム 룸, 방, 객실

❷ 그것으로 충분한 것, 만족스러움

ここにサインだけしていただければけっこうです。

여기에 서명만 해주시면 됩니다.

コーヒーとジュースがあればけっこうだと思(おも)います。

커피랑 주스가 있으면 충분할 거예요.

Ⓐ 資料(しりょう)をもう少(すこ)しコピーして来(き)ましょうか？
자료를 좀 더 복사해 올까요?

Ⓑ これくらいあればけっこうだと思(おも)いますよ。
이만큼 있으면 충분할 것 같아요.

단어 ～ていただく (남에게) ~해 받다, (남이) ~해 주시다　資料(しりょう) 자료

❸ 정중하게 사양함

お腹(なか)がいっぱいなので ご飯(はん)はもうけっこうです。

배가 불러서 밥은 이제 괜찮습니다.

新聞購読(しんぶんこうどく)ならうちはけっこうです。

신문 구독이라면 저희는 괜찮습니다.

A お茶(ちゃ)かコーヒーなどはいかがですか？

차나 커피라도 드시겠어요?

B すみませんが、すぐに出(で)なければならないので、けっこうです。

죄송하지만 바로 나가야 해서 괜찮습니다.

단어 購読(こうどく) 구독

❹ 정도를 나타내는 말

弟は試験に落ちてけっこう落ち込んでいます。

남동생은 시험에 떨어져서 많이 침울해져 있어요.

あんまり期待していなかったけど、けっこうおもしろいミュージカルだったよ。

별로 기대하지 않았지만 그럭저럭 재미있는 뮤지컬이었어.

この服、画面で見たのと色がけっこう違いますね。

이 옷, 화면으로 본 거랑 색이 꽤 다르네요.

Ⓐ この作家、知っていますか？

이 작가 알아요?

Ⓑ はい、知っていますよ。日本でもけっこう有名です。

네, 알아요. 일본에서도 상당히 유명해요.

단어 落ち込む 침울해지다 期待 기대 ミュージカル 뮤지컬 画面 화면 作家 작가

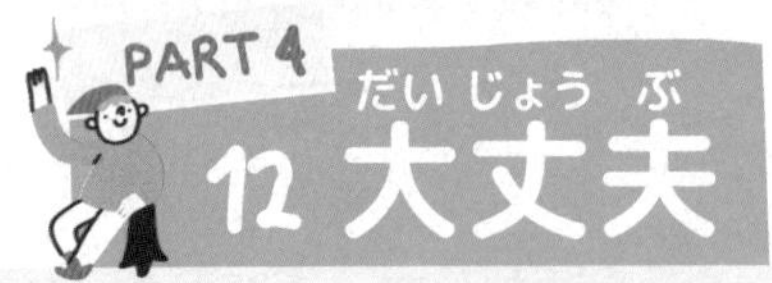

❶ 안심이 될 정도로 괜찮은 상태

体調(たいちょう)はもう大丈夫(だいじょうぶ)です。

몸 상태는 이제 괜찮습니다.

大丈夫(だいじょうぶ)？顔色(かおいろ)がよくないけど。

괜찮아? 안색이 안 좋아 보이는데.

Ⓐ もうすぐ退院(たいいん)できると聞(き)きましたが、だいぶよくなりましたか？

조만간 퇴원할 수 있다고 들었는데 많이 좋아졌어요?

Ⓑ はい、もう食事(しょくじ)もできるので大丈夫(だいじょうぶ)です。

네, 이제 식사도 할 수 있어서 괜찮아요.

단어 **体調(たいちょう)** 몸 상태 **顔色(かおいろ)** 안색, 낯빛 **退院(たいいん)** 퇴원 **だいぶ** 상당히, 꽤

❷ 튼튼하고 견고함

この時計(とけい)は防水加工(ぼうすいかこう)がされているので、水(みず)の中(なか)に落(お)ちても大丈夫(だいじょうぶ)です。

이 시계는 방수 처리가 되어 있어서 물 속에 떨어져도 괜찮습니다.

このカバンは特別(とくべつ)な素材(そざい)でできているので燃(も)えても大丈夫(だいじょうぶ)です。

이 가방은 특별한 소재로 만들어져 있어서 불에 타도 괜찮아요.

A このコップは電子(でんし)レンジにかけても大丈夫(だいじょうぶ)ですか?

이 컵은 전자레인지에 돌려도 괜찮은가요?

B はい、こちらのコップは電子(でんし)レンジの使用(しよう)も可能(かのう)です。

네, 이 컵은 전자레인지 사용도 가능합니다.

단어 防水(ぼうすい) 방수　加工(かこう) 가공, 처리　素材(そざい) 소재　燃(も)える 타다, 불타다　コップ 컵
電子(でんし)レンジにかける 전자레인지에 돌리다　使用(しよう) 사용　可能(かのう) 가능

❸ 틀림없이 확실하여 문제가 없는 것, 또는 신뢰가 가거나 의지가 되는 사람

今度はきっと大丈夫だよ！元気出して。

다음에는 분명 괜찮을 거야! 기운 내.

明日は７時に出発すれば大丈夫です。

내일은 7시에 출발하면 괜찮아요.

この仕事は田中さんに任せれば大丈夫ですね！

이 일은 다나카 씨에게 맡기면 되겠어요!

A どうしよう。レポート提出するの忘れてた。

어떡하지. 리포트 제출하는 거 깜빡했어.

B 明日の朝提出しても大丈夫って先生が言ってたよ。

내일 아침에 제출해도 된다고 선생님이 말씀하셨어.

단어 **元気(を)出す** 기운을 내다 **任せる** 맡기다, 위임하다 **提出** 제출

❹ 필요성이나 가능성 또는 승낙의 여부를 나타내는 표현

先(さき)に食(た)べても大丈夫(だいじょうぶ)ですか？

먼저 먹어도 돼요?

夕方(ゆうがた)に電話(でんわ)しても大丈夫(だいじょうぶ)ですか？

저녁에 전화해도 될까요?

Ⓐ 何(なに)か手伝(てつだ)うことある？

뭔가 도울 게 있어?

Ⓑ ううん。大丈夫(だいじょうぶ)だよ。

아니. 괜찮아.

단어 先(さき)に 먼저, 앞서　夕方(ゆうがた) 해질녘, 저녁때　手伝(てつだ)う 돕다, 거들다

❶ 음식 등의 맛이 좋은 것

やっぱりこの店(みせ)のラーメンはいつ食(た)べてもうまいな！

역시 이 가게 라면은 언제 먹어도 맛있어!

これ初(はじ)めて食(た)べたんですけど、かなりうまいですね。

이거 처음 먹어보는데 꽤 맛있네요.

팁 주로 남성이 うまい를 '맛이 있다'는 의미로 사용합니다.

Ⓐ おすすめの定食屋(ていしょくや)さんある？

추천하는 정식집 있어?

Ⓑ あそこの定食屋(ていしょくや)さんいいよ。うまいし値段(ねだん)も安(やす)いし。

저기 정식집 괜찮아. 맛도 좋고 가격도 싸고.

단어 おすすめ 추천, 권유　定食屋(ていしょくや) 정식집　値段(ねだん) 값, 가격

❷ 일이 순조롭게 진행되거나 형편이 좋은 것

今回のプロジェクトは思ったよりうまく進んでいます。

이번 프로젝트는 생각보다 잘 진행되고 있어요.

うまい考えが思いつきました。

좋은 생각이 떠올랐어요.

Ⓐ **この仕事、君を信じて任せるからよろしくね。**

이 일, 자네를 믿고 맡기는 거니까 잘 부탁해.

Ⓑ **うまくできるかわかりませんが、精いっぱい頑張ります！**

잘할 수 있을지 모르겠지만 열심히 하겠습니다!

단어 **プロジェクト** 프로젝트, 연구 과제 **思ったより** 생각보다 **思いつく** 문득 떠오르다 **信じる** 믿다, 신뢰하다 **任せる** 맡기다, 위임하다 **精いっぱい** 열심히, 최선을 다해

❸ 기술적으로 뛰어난 것 또는 일 따위의 진행을 잘하는 것

うちのクラスには歌がうまい人がたくさんいます。

우리 반에는 노래를 잘하는 사람이 많이 있어요.

字を書くのがうまい人は本当にうらやましいです。

글씨를 잘 쓰는 사람은 정말 부러워요.

대화

Ⓐ 先生、面接を受けるうえで重要なことは何ですか？

선생님, 면접을 보는 데에 있어서 중요한 건 뭔가요?

Ⓑ 面接では自分の考えをうまく整理して話すことが重要です。

면접에서는 자신의 생각을 잘 정리해서 말하는 것이 중요해요.

단어 字 글자, 글씨　うらやましい 부럽다　面接を受ける 면접을 보다
～うえで ～하는 데에　重要 중요함　整理 정리

❹ 상대방과 잘 지내는 것

彼氏(かれし)とは最近(さいきん)うまくやってるの？

남자친구랑은 요즘 잘 지내?

あの人(ひと)とうまくやっていく方法(ほうほう)はあるかな？

그 사람과 잘 지낼 수 있는 방법이 있을까?

팁 うまくやる는 특히 연애 관계에 대해 말할 때 자주 쓰이는 표현입니다.

Ⓐ **先輩(せんぱい)、転職(てんしょく)したって聞(き)きましたけど、今(いま)の会社(かいしゃ)はどうですか？**

선배님, 이직하셨다고 들었는데 지금 회사는 어떤가요?

Ⓑ **仕事(しごと)はいいんだけど、上司(じょうし)とうまくやっていくのが難(むずか)しいね。**

일은 좋은데 상사랑 잘 지내는 게 어렵네.

Ⓐ **どの会社(かいしゃ)も人間関係(にんげんかんけい)が難(むずか)しいですよね。**

어느 회사나 인간관계가 어렵죠.

단어 方法(ほうほう) 방법 先輩(せんぱい) 선배(님) 転職(てんしょく) 이직, 전직 上司(じょうし) 상사 人間関係(にんげんかんけい) 인간관계

PART 4

14 まずい

❶ 맛이 없다

ご飯(はん)は冷(さ)めるとまずくなるよ。

밥은 식으면 맛이 없어져.

口(くち)コミはよかったけど、食(た)べてみたらまずかった。

평은 좋았는데 먹어보니까 맛이 없었어.

대화

Ⓐ 何(なん)かこの店(みせ)、料理(りょうり)の味(あじ)変(か)わった気(き)がする…。

왠지 이 가게 음식 맛이 바뀐 것 같아….

Ⓑ そうだよね？前(まえ)よりまずくなったと思(おも)わない？前(まえ)はおいしかったのに…。

그치? 예전보다 맛이 없어진 것 같지 않아? 전에는 맛있었는데….

단어 冷(さ)める 식다　口(くち)コミ 평판, 평　何(なん)か(= なにか) 왜 그런지, 어쩐지
気(き)がする 느낌이 들다, 생각이 들다

❷ 곤란하거나 불리한 상태가 되다

この話(はなし)は母(はは)に聞(き)かれるとまずいな。

이 얘기는 엄마가 들으면 곤란해.

企画(きかく)した商品(しょうひん)が売(う)れなかったらまずい状況(じょうきょう)になります。

기획한 상품이 팔리지 않으면 곤란한 상황이 돼요.

> 팁 **まずい**는 일상 회화에서는 많이 쓰이지만 정중한 느낌은 없으므로 공적인 자리에서는 사용하지 않는 편이 좋습니다.

대화

A **課題(かだい)どのくらい終(お)わった？**

과제 얼마나 끝났어?

B **まだまだ全然(ぜんぜん)終(お)わりが見(み)えないよ。今日中(きょうじゅう)に終(お)わらないとまずいんだけどな…。**

아직도 전혀 끝이 안 보여. 오늘 중에 안 끝나면 곤란한데….

단어 **企画(きかく)** 기획 **商品(しょうひん)** 상품 **売(う)れる** 팔리다 **状況(じょうきょう)** 상황 **課題(かだい)** 과제
どのくらい 어느 정도, 얼마나 **まだまだ** 아직, 아직도 **全然(ぜんぜん)** 전혀

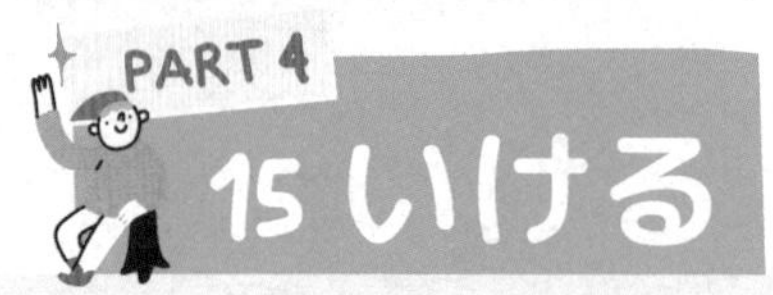

❶ 주로 예체능 따위를 비교적 잘 하는 것

ゆみちゃん、歌(うた)も上手(じょうず)だけどダンスもいけるんだね！

유미, 노래도 잘하는데 춤도 잘 추네!

頭(あたま)もよくてスポーツも何(なん)でもいけるなんてうらやましい！

머리도 좋고 운동도 뭐든지 잘한다니 부러워!

> 팁 **いける**는 **行ける**에서 새로운 의미가 생겨난 신조어로, '별 문제없이 가능한 것'이라는 의미도 있습니다. 일상 회화에서 많이 사용되는 말로 격식을 차려야 하는 공적인 자리에서는 사용하지 않는 것이 좋습니다.

A ゆうとくん、サッカー部(ぶ)なのにバスケもいけるの？

유토, 축구부인데 농구도 할 줄 알아?

B うん、前(まえ)に少(すこ)しバスケもしたことあるんだよね。

응, 예전에 농구도 조금 한 적이 있거든.

단어 **何(なん)でも** 뭐든지, 모두 **うらやましい** 부럽다, 샘나다 **サッカー部(ぶ)** 축구부
バスケ(=バスケットボール) 농구

❷ 음식 등의 맛이 좋아 먹을 만한 것

この店(みせ)のすし、けっこういけるね。

이 가게 초밥 꽤 맛있네.

初(はじ)めてコロッケを手作(てづく)りしてみたけど、思(おも)ったよりいけるね。

처음으로 크로켓을 직접 만들어 봤는데 생각보다 먹을 만하네.

대화

Ⓐ 今日(きょう)のお祭(まつ)り、すごく楽(たの)しかったね。

오늘 축제 너무 즐거웠어.

Ⓑ うん！屋台(やたい)で食(た)べた焼(や)きそばもなかなかいけたよね。

응, 포장마차에서 먹은 볶음국수도 꽤 맛있었지.

단어 すし 초밥　コロッケ 크로켓　手作(てづく)り 수제, 손수 만듦　思(おも)ったより 생각보다　祭(まつ)り 축제, 잔치　屋台(やたい) 포장마차　焼(や)きそば 볶음국수

PART 4

16 悪い(わる)

❶ 나쁘다, 좋지 않다

今学期(こんがっき)は成績(せいせき)が悪(わる)かったです。

이번 학기는 성적이 좋지 않았어요.

タバコは体(からだ)に悪(わる)いです。

담배는 몸에 좋지 않아요.

人(ひと)を悪(わる)く言(い)うな。

다른 사람을 흉보지 마.

팁 질이 뛰어나지 않거나 상태가 좋지 못한 것, 또는 능력이 부족하거나 잘하지 못하는 것, 바람직하지 않거나 적절하지 않은 것 등을 나타낼 때 사용합니다.

Ⓐ **最近(さいきん)よくメガネかけてるね。**

요즘 안경 자주 쓰네.

Ⓑ **目(め)が悪(わる)くて黒板(こくばん)がよく見(み)えないんだよね。**

눈이 안 좋아서 칠판이 잘 안 보이거든.

단어 今学期(こんがっき) 이번 학기　成績(せいせき) 성적　タバコ 담배　悪(わる)く言(い)う 흉을 보다, 흉보다
メガネをかける 안경을 쓰다　黒板(こくばん) 칠판

❷ 실례가 되다, 미안하다

僕(ぼく)が悪(わる)かった。

내가 잘못했어.

心配(しんぱい)かけて悪(わる)いね。

걱정 끼쳐서 미안해.

悪(わる)いけど、先(さき)に帰(かえ)るよ。

미안하지만 먼저 갈게.

팁 자신의 잘못을 사과하거나 고마움을 나타내는 표현으로 사용합니다. 주로 글보다는 회화에서 사용합니다.

A 悪(わる)いけど、これ頼(たの)むよ。
미안한데, 이거 부탁해.

B いいよ。全然(ぜんぜん)オッケー。
응. 문제 없어.

A ありがとう。今度(こんど)ご飯(はん)おごるね。
고마워! 다음에 밥 살게.

단어 心配(しんぱい)(を)かける 걱정을 끼치다 先(さき)に 먼저, 앞서 全然(ぜんぜん) 아주, 전혀
オッケー(オーケー) 문제 없음, 알겠음 おごる 한턱 내다

❶ 정해진 시간에 늦지 않는 것

走っていけば電車の時間に間に合うと思います。

달려 가면 전철 시간에 늦지 않을 거예요.

約束時間にはぎりぎり間に合いそうだな。

약속 시간에는 아슬아슬하게 도착할 것 같아.

대화

Ⓐ すみません。思ったより道が混んでいて3時には間に合わなさそうです。

죄송해요. 생각보다 길이 막혀서 3시에는 도착하지 못할 것 같아요.

Ⓑ わかりました。気をつけてお越しください。

알겠습니다. 조심해서 오세요.

단어 ぎりぎり 아슬아슬함　思ったより 생각보다　道が混む 길이 막히다
気をつける 조심하다, 주의하다　お越しください 오세요(존경어)

❷ 그것으로 충분한 것, 그럭저럭 부족함이 없는 것

5000円(ごせんえん)あれば交通費(こうつうひ)は間(ま)に合(あ)います。

5000엔 있으면 교통비는 충분해요.

紙(かみ)コップを使(つか)えばきっと間(ま)に合(あ)います。

종이컵을 사용하면 아마 충분할 거예요.

Ⓐ 肉(にく)と野菜(やさい)、もっと買(か)ってきましょうか？

고기와 채소를 더 사올까요?

Ⓑ このくらい材料(ざいりょう)があれば間(ま)に合(あ)うと思(おも)いますよ。

이 정도 재료가 있으면 충분할 거예요.

단어 交通費(こうつうひ) 교통비　紙(かみ)コップ 종이컵　材料(ざいりょう) 재료

18 楽(らく)だ

❶ 몸과 마음이 편한 것 또는 그런 상태

試験(しけん)が終(お)わって気(き)が楽(らく)になりました。

시험이 끝나서 마음이 편안해졌어요.

楽(らく)な姿勢(しせい)で座(すわ)ってください。

편한 자세로 앉아 주세요.

A ヨガをすると気持(きも)ちが楽(らく)になります。

요가를 하면 마음이 편해져요.

B 本当(ほんとう)ですか？わたしも一度(いちど)してみます。

정말요? 저도 한번 해 봐야겠어요.

단어 **姿勢(しせい)** 자세　**ヨガ** 요가

❷ 편하고 쉽게 할 수 있는 것

今日(きょう)の宿題(しゅくだい)は楽(らく)に解(と)けました。

오늘 숙제는 쉽게 풀었어요.

この鍋(なべ)を使(つか)うと料理(りょうり)が楽(らく)にできます。

이 냄비를 쓰면 요리를 편하게 할 수 있어요.

Ⓐ 夏(なつ)になったし、髪短(かみみじか)くしようかな。

여름이고 하니까 머리 짧게 자를까?

Ⓑ いいんじゃない？髪短(かみみじか)いと洗(あら)うのも楽(らく)だよね。

괜찮지 않아? 머리 짧으면 감는 것도 편하잖아.

단어 解(と)ける 풀다　鍋(なべ) 냄비　髪(かみ) 머리카락

PART 4

19 うるさい

❶ 소리가 지나치게 커서 거슬리는 것

朝(あさ)から工事(こうじ)の音(おと)がしてとてもうるさいです。

아침부터 공사 소리가 나서 너무 시끄러워요.

テレビの音(おと)がうるさくて勉強(べんきょう)ができません。

텔레비전 소리가 시끄러워서 공부를 할 수가 없어요.

Ⓐ どうしたの？さっきからあくびばかりしてるね。

무슨 일 있어? 아까부터 계속 하품만 하네.

Ⓑ 弟(おとうと)のいびきがうるさすぎて、あんまり寝(ね)れなかったんだ。

동생의 코골이가 너무 시끄러워서 별로 못 잤어.

단어 工事(こうじ) 공사　さっき 아까　あくび 하품　いびき 코골이

❷ 방해가 될 정도로 귀찮거나 어떤 것이 지나치게 많아서 불쾌하다고 느껴지는 것

さっきからハエがうるさくつきまとっていて、いやだな。

아까부터 파리가 귀찮게 따라다녀서 싫어.

前髪(まえがみ)がのびてきてうるさいです。

앞머리가 길어져서 귀찮아요.

A うちの親(おや)、勉強(べんきょう)しろ勉強(べんきょう)しろってうるさくて嫌(いや)になっちゃう。

우리 부모님, 공부하라고 잔소리만 해서 짜증 나.

B わかるわかる！そっと見守(みまも)ってくれたらいいのにね。

맞아, 맞아! 가만히 지켜봐 줬으면 좋겠는데 말이야.

단어 さっき 아까　ハエ 파리　つきまとう 붙어 다니다, 항상 따라다니다　前髪(まえがみ) 앞머리　のびる 자라다, 길어지다　嫌(いや)になる 싫어지다, 짜증 나다　そっと 가만히　見守(みまも)る 지켜보다

20 高い(たか)

❶ 어떤 것이 높은 위치에 있는 것

高(たか)い場所(ばしょ)から見(み)る景色(けしき)はとてもきれいです。

높은 곳에서 보는 경치는 매우 아름다워요.

日本(にほん)で一番(いちばん)高(たか)い山(やま)は富士山(ふじさん)です。

일본에서 가장 높은 산은 후지산이에요.

Ⓐ あそこの展望台(てんぼうだい)にのぼってみない？

저기 전망대에 올라가 볼래?

Ⓑ わたし、高(たか)いところ苦手(にがて)だからここで待(ま)ってる。

난 높은 곳 별로 안 좋아하니까 여기서 기다리고 있을게.

단어 景色(けしき) 경치　富士山(ふじさん) 후지산　展望台(てんぼうだい) 전망대　苦手(にがて) 거북하고 싫음

❷ 목소리나 소리의 음역이 높은 것

わたしは高(たか)い声(こえ)が出(で)ないので歌(うた)を歌(うた)うのがちょっと苦手(にがて)です。

저는 높은 음이 나오지 않아서 노래 부르는 것을 잘 못해요.

あの歌手(かしゅ)はどうしてあんなに高(たか)い音(おと)を出(だ)すことができるんだろう。

저 가수는 어떻게 저렇게 높은 음을 낼 수가 있을까?

A これはなんていう楽器(がっき)ですか？

이건 무슨 악기예요?

B これはピッコロです。フルートよりも高(たか)い音(おと)が出(で)るんですよ。

이건 피콜로예요. 플루트보다 높은 소리가 나요.

단어 苦手(にがて) 서투름, 잘하지 못함　歌手(かしゅ) 가수　楽器(がっき) 악기　ピッコロ 피콜로　フルート 플룻　~よりも ~보다도

❸ 정도나 목표, 수준 등이 높은 것

今日(きょう)は気温(きおん)が高(たか)くてまるで夏(なつ)のような天気(てんき)です。

오늘은 기온이 높아서 마치 여름 같은 날씨예요.

高(たか)すぎる目標(もくひょう)よりも適切(てきせつ)な目標(もくひょう)を持(も)つ方(ほう)がいいと思(おも)います。

너무 높은 목표보다도 적절한 목표를 갖는 것이 좋다고 생각해요.

대화

A 今日面接(きょうめんせつ)した方(かた)、どんな印象(いんしょう)でしたか？

오늘 면접 본 분, 인상은 어땠나요?

B モチベーションも高(たか)くていい印象(いんしょう)でしたよ。

의욕도 높고 좋은 인상이었어요.

단어 気温(きおん) 기온　まるで 마치, 꼭　目標(もくひょう) 목표　適切(せきせつ) 적절함　面接(めんせつ) 면접　印象(いんしょう) 인상
モチベーション 동기 부여, 의욕

❹ 값이 비싼 것

品質(ひんしつ)の高(たか)い商品(しょうひん)は値段(ねだん)も高(たか)いです。

품질이 좋은 제품은 가격도 비싸요.

この服(ふく)、買(か)いたいけど高(たか)すぎるな。

이 옷 사고 싶은데 너무 비싸네.

Ⓐ このスイカ、甘(あま)くておいしいね！
이 수박 달고 맛있다!

Ⓑ そうでしょ？ちょっと高(たか)かったけど、買(か)ってよかった！
그렇지? 조금 비쌌는데 사길 잘 했어!

단어 品質(ひんしつ) 품질 商品(しょうひん) 상품 値段(ねだん) 값, 가격 スイカ 수박